Paseo por
los cuentos españoles

スペイン短編逍遙

中山 直次 訳注

東京 **大学書林** 発行

まえがき

　突然私事ですが、就寝時によく本を読みます。読むというよりは「見る」に近く、あまり真剣ではありません。床に入って数分間、数ページ〜十数ページを眺め回しているうちに眠りに落ちる、そんな具合です。字面を追っても、せいぜい斜め読み。ですから、あまり考えなくても読めるものを材料に選びます。軽い小説、それも短編が多いです。もっと短い、掌編ならさらに歓迎、というところです。時には外国ものも読みます。やはり片手で持てるような手軽なものを選びます。特に寒い冬など、ふとんから手を出してページをめくるのも億劫です。外国書なら、読むのに時間がかかりますので、頻繁にページを繰らなくてもすみます。こんな場面にうってつけの、「寝読」にぴったりの本にめぐりあいました。スペインの"Colección Austral"（アウストラル叢書）の類です。いずれも、片手で持てる文庫本ほどの大きさで、表紙も変形自在のペーパーバック…。

　いくつか読むうちに、誰かに語りたくなったものがあります。以下に紹介するのは、このようにして読んだ短編の中から選んだ3作品です。紹介を思い立ってから再度しっかり読み直してみました。最初不謹慎な読み方をしたことが恥ずかしいような、申し訳ないような気持になりました。3つとも、短編とはいえ、それぞれに「人間的共感」を感じさせずにはおかない、素晴らしいものばかりです。作者も、それぞれに名高く、馴染み深い作家たちです。

　なお、作品の配列順に特別の意味はありません。注のつけ方にしても、必ずしも順序だて（難易度・重複・同義反復など）を考慮していません。強いて言えば「馴染みやすさ」の順に並んでいるとお

考え下さい。ただし、統計などでなく筆者の主観による区分です。難易度順ならおそらく2⇒1⇒3の順となり、作者の生年順なら1⇒3⇒2であり、没年順なら1⇒2⇒3となります。要するに、お好みに応じて自由にお読みいただければ幸いです。

1．アラルコン『二つの栄光』

　著名な画家ルーベンスが、数人の門弟を伴ってマドリードの修道院をめぐり歩いているとき、偶然、さびれた修道院の礼拝堂の物陰に一枚の絵を発見する。絵をめぐってルーベンスと門弟たちの推理が始まる…。

＊＊＊

　（その絵は）色調といい、デッサンといい、構図といい、すべてが第一級の才能を顕示していた。

　「先生、この素晴らしい作品は、一体誰のでしょう？」すでに絵のところにやって来ていた門弟たちがルーベンスに尋ねた。

　「この隅に名前が書かれてあったのだな」と師匠が答えた。「しかしほんの数か月前に消されてしまっている。絵そのものに関しては30年以上たっていないし、さりとて20年以下でもない。」…

＊＊＊

　このように、登場人物が、実在の、しかも高名な画家ということもあって、筋書きがドキュメンタリー風に感じられ、あたかも歴史上のちょっとした出来事をかいま見るような感覚で読むことができます。臨場感あふれる作品です。

2．ブラスコ・イバニェス『宿り汽車』（無賃乗客）

　彼＜宿り汽車＞は、貧しさのゆえ、都会地への出稼ぎを余儀なく

されている。しかし、その出稼ぎ先から家族のいる村へ帰るのに、列車の切符も買えない。

＊＊＊

「だけど、どこへ行くのかね？」と私はたずねました。「どうして命をそんな危険にさらしてまで、こんな旅をするのかね？」

彼は日曜日に家族と一緒に過ごそうとしているのでした。貧乏人にはよくあることです！ 彼はアルバセテで働いており、細君はある町で手伝いをしていました。飢えが彼らを引き裂いたのです。初めは歩いて旅をしました。…しかし今は違います。もう恐れてはいません。そして列車で旅をしています…。

＊＊＊

この作品は、「友人ペレス」が旅の途中で出会った事件を回顧形式で語るという構成になっています。それゆえ会話をそのまま示す部分（直接話法）があったり、「友人ペレス」が一人称で説明する部分（間接話法）であったり、あるいはその中間形態（描出話法）があったりします。とはいえ、3作品中文章は最も平易で、決して読みづらくはないし、語り手である「私」の視線に沿って追体験していくうちに、いつの間にか「私」や＜宿り汽車＞との一体感を感じたりします。

3．ウナムーノ『死の鏡』

23歳の若い娘マチルデは、病弱ではあるが、ホセ・アントニオという恋人がいる。二人の間の会話、微妙なやりとり、恋のかけ引き、揺れ動く心理…。

＊＊＊

マチルデは、鏡でも見るように彼を見ながら言った。

「でも、言って、ホセ・アントニオ、お願い。どうなさったの？ だってあ

なたったら、以前のあなたのようじゃないんですもの…」

「何てことを言い出すんだ、君！ それじゃ僕が誰であればいいんだい？…」

「ねえ、聞いて。もし私のことが嫌になってしまったのなら、もし誰か他の女の人に心が行ってしまったのなら、私を捨ててちょうだい。私を捨てて、ホセ・アントニオ。私を一人にしてちょうだい。私は一人でもいいんだから。私のためにあなたが犠牲になるなんていやなのよ！」

「僕が犠牲になるだって！ しかし、誰が言ったんだい、君。僕が犠牲になるだなんて！ 馬鹿なことを言うんじゃないよ、マチルデ。」

「いいえ、違うわ、隠さないで。あなたはもう、私のことなんか好きじゃないんだわ…。」

＊＊＊

この作品でも、各種の話法が駆使されています。その上、物語中に微妙な心理的描写が織り込まれるなど、やや読みづらい箇所もあります。3作品中、文章は最も難解と言えるかも知れません。

さらに、物語の筋が暗く哀しいのです。マチルデの哀しみを何とかしてあげたいが、何もできないことに気づきます。ただ、一緒に泣くことくらいしか、できることはないのだと気づきます。そこで、一緒に泣きます…。読後に、ある種のカタルシスを覚えます。「大げさな」と言われるかも知れませんが、少なくとも筆者の場合はそうでした。

付記

①本書は大学書林の当シリーズの中からやゝはみ出した部分があります。それは本書が「対訳」ならぬ「対注」形式で割付けされていることです。これは筆者の経験上、「見やすさ」を優先したいとの観点から特に願い出て受け入れていただいたものです。特殊なレイアウトを容認して下さった大学書林に感謝申しあげます。

②各作品の訳注・対訳の後に、作者に関する解説を挿入しました。それぞれの作者の経歴・作品概観・関連分野・個性など、いずれも一短編の対訳に添付する解説としては長すぎるほどの分量です。これは、正直のところ、「訳者の興味」が赴いてしまっただけで、特に他意はありません。

③逐一提示することはしませんでしたが、解説にあたり、幾冊かの辞典や百科事典、スペイン文学史に関する著書・訳書等を参照させていただきました。記して感謝申しあげます。しかしそれでも、筆者の不勉強により、本文中の訳注その他に勘違いや誤りがあるかも知れません。お気づきの節は、大方のご寛恕・ご教示をお願いいたします。

平成21年8月10日

中山直次

（カット：後藤敬子）

目　　次

まえがき ……………………………………………………………… i

Las dos glorias
『二つの栄光』………………………………………………… 2
ペドロ・アントニオ・デ・アラルコンについて ……………… 36

El parásito del tren
『宿り汽車』（無賃乗客）……………………………………… 50
ビセンテ・ブラスコ・イバニェスについて ………………… 76

El espejo de la muerte (Historia muy vulgar)
『死の鏡』（極めて世俗的な物語）…………………………… 94
ミゲル・デ・ウナムーノについて …………………………… 124

Paseo por
los cuentos españoles

Las dos glorias
『二つの栄光』

Un día que[1] el célebre pintor flamenco Pedro Pablo Rubens andaba recorriendo los templos de Madrid acompañado[2] de sus afamados discípulos, penetró en la iglesia de un humilde convento, cuyo nombre no designa la tradición[3].

Poco o nada[4] encontró que admirar el ilustre artista en aquel pobre y desmantelado templo, y ya se marchaba[5] renegando, como solía[6], del mal gusto de los frailes de Castilla la Nueva[7], cuando reparó en cierto cuadro medio oculto en las sombras de feísima[8] capilla; acercóse[9] a él y lanzó una exclamación de asombro.

フランドルの著名な画家ペドロ・パブロ・ルーベンスが、定評ある門弟数人を伴ってマドリードの寺院を巡り歩いていたある日のこと、とあるさびれた修道院の教会に足を踏み入れた。名前も伝えられていないような、粗末な修道院であった。

そのようなみすぼらしい荒れ果てた寺院には、その大芸術家にとって、

二つの栄光

por Pedro Antonio de Alarcón
ペドロ・アントニオ・デ・アラルコン　作

1) **un día que ~**：「～していたある日に」（時の名詞の副詞的機能）。
2) **acompañado**：「（門弟たちを）伴って」。この語は、**acompañar**「伴う」の過去分詞なので、直訳すれば「（門弟たちに）伴われて」。
3) **cuyo nombre no designa la tradición**：「伝説がその名を指し示していない」とは「その名も伝えられていない」。**cuyo**は、関係形容詞（英．**whose, of which**）、先行詞は**convento**「修道院」。
4) **poco o nada ~ que admirar**：「賞賛すべきものはほとんどあるいは何も（見当たらなかった）」。**que** +不定詞で「～すべき」。
5) **se marchaba**：「（彼は）立ち去ろうとしていた」。この語は、**marcharse**「立ち去る」の直説法線過去3人称単数形。線過去形には、「～しかけていた」（起動）を表す用法がある。
6) **como solía**：「いつもそうしていたように」。**solía**は、**soler**「～するのを常とする」の直説法線過去3人称単数形。
7) **Castilla la Nueva**：マドリードのある、スペイン中央部の地方名。
8) **feísima**：**fea** + **ísimo**「とても醜い」。形容詞 + **ísimo**で「とても～な」という意味になる（絶対最上級）。母音で終る形容詞の場合はその母音を取り去ってから**ísimo**をつける。アクセントの位置はすべて**ísimo**の**í**に移動する。
9) **acercóse**：**acercarse**「近づく」直説法点過去3人称単数形。かつて**se**は活用した動詞の後につけた（**enclítico**という）が、現在では前に置いて**se acercó**とする（**proclítico**）。なお、関連事項としてp.101注5b)を参照。

目を見張るようなものはほとんど、いや何ら見当たらなかった。それで、例によって、カスティリア・ラ・ヌエバの修道僧の悪趣味をなじりながら、そそくさとその場を立ち去ろうとしたそのとき、いかにも醜悪な礼拝堂の物陰に、半ば隠れている絵が目にとまった。それに近づいて、彼は驚きの声を発した。

Las dos glorias

Sus discípulos le rodearon al momento, preguntándole[1].

—¿Qué habéis encontrado[2], maestro?

—¡Mirad! —dijo Rubens señalando, por toda contestación[3], al lienzo que tenía delante.

Los jóvenes quedaron tan maravillados como el autor del *Descendimiento*.[4]

Representaba aquel cuadro la *Muerte de un religioso*. Era éste muy joven, y de una belleza que ni la penitencia ni la agonía habían podido eclipsar[5], y hallábase tendido sobre los ladrillos de su celda[6], velados ya los ojos por la muerte[7], con una mano extendida sobre una calavera[8], y estrechando con la otra, a su corazón, un crucifijo de madera y cobre.

門弟たちは即座に彼の回りにやって来て尋ねた。

「何を見つけられたのですか、先生？」

「ほら、見てみたまえ！」ルーベンスは、答える代わりに目の前にあるカンバスを指さして言った。

例の『キリストの十字架おろし』の作者同様、若者たちもまた一様に驚いた。

二つの栄光

1) **preguntándole**：preguntar「尋ねる」の現在分詞 + le「彼に」。「(彼を取り囲んだ) そして彼に尋ねた」(分詞構文)。
2) **habéis encontrado**：encontrar「見出す」の直説法現在完了2人称複数形。想定される主語は**vos**「貴殿、あなた様」(古語、敬称。動詞活用形は2人称複数形をあてがう)。
3) **por toda contestación**：「すべての答えの代りに」とは、「何も答えずその代りに」。
4) **Los jóvenes quedaron tan maravillados como el autor del *Descendimiento*.**：「『キリストの十字架おろし』の作者同様若者たちも驚いた」。**tan ~ como...**「…と同じくらい~な」(同等比較級)。***Descendimiento* (*de la Cruz*)** はルーベンス作の宗教画「キリストの十字架おろし」(現在、アントワープの寺院に所蔵されている)。
5) **ni la penitencia ni la agonía habían podido eclipsar**：「煩悶も末期の苦悶も陰らせることはあり得なかった (ところの美貌)」。
6a) **hallábase tendido sobre los ladrillos de su celda**：「(彼は) 僧房の煉瓦の上に横たわっていた」。**hallábase = se hallaba**。estar + 過去分詞は「~して・されてある」と完了した状態を表すが、この**estar**の代りに**verse, hallarse, encontrarse**「自分自身を見出す」を入れてもほぼ同じ意味になる。／ 6b) **tendido**の不定詞は**tenderse**「身体を伸ばす」。この種の用法では、再帰動詞の過去分詞は再帰代名詞を失うことに注意。
7) **velados ya los ojos por la muerte**：「死のゆえに目には雲がかかって」。**velados**は、velar「ベールをかける」の過去分詞。
8) **con una mano extendida sobre una calavera**：「どくろの上に片手を伸ばして」。**extendida**は、extender「伸ばす」の過去分詞。

　その絵は『ある僧侶の死』を描いていた。僧侶はうら若い美貌の持ち主で、その美しさは、煩悶や末期の苦悶によって損なわれるようなものではなかった。そして彼は、僧房の煉瓦の上に横たわり、すでに死にかかっているがゆえ目には雲がかかっており、しゃれこうべの上に片手を伸ばし、他方の手は心臓のところで木と銅の十字架を握りしめていた。

En el fondo del lienzo se veía pintado[1] otro cuadro, que figuraba estar colgado[2] cerca del lecho de que se suponía haber salido[3] el religioso para morir con más humildad sobre la dura tierra.

Aquel segundo cuadro representaba a una difunta[4], joven y hermosa, tendida en el ataúd[5] entre fúnebres cirios y negras y suntuosas colgaduras...

Nadie hubiera podido mirar[6] estas dos escenas, contenida la una en la otra[7], sin comprender que se explicaban y completaban recíprocamente[8]. Un amor desgraciado, una esperanza muerta, un desencanto de la vida, un olvido eterno del mundo: he aquí el poema misterioso[9] que se deducía de los dos ascéticos dramas que encerraba aquel lienzo.

カンバスの背景には別の絵が描かれており、それは、ベッドの近くにかかっていることになっているのだが、僧侶はそのベッドから抜け出して固い地面の上でより謙虚に死のうとしていることを想定していた。

その二番目の絵は、弔い用の大蝋燭と、黒い華麗な寝台カーテンとの間に置かれた棺の中に横たわった、若くて美しい女性の遺体を描写していた…。

二つの栄光

1) **se veía pintado**：「描かれてあった」。**estaba pintado** としてもほぼ同じ意味になる（**p.5**の注**6a**参照）。
2) **figuraba estar colgado**～：「(その絵は)、～に架けられているという構図になっていた」。
3) **de que se suponía haber salido**：「(僧侶が) そこから抜け出したと想定されていた（ベッド）」。**haber salido** は **salir**「出る」の不定詞完了形。「ベッドから抜け出る」ことが、「想定される」より以前に完了していることを表している。
4) **representaba a una difunta**：「女性の遺体を描写していた」。人間を表す直接目的語には前置詞 **a** をつける。
5) **tendida en el ataúd**：「棺の中に横たわった（遺体）」。**tendida** は、**tenderse**「身体を伸ばす」の過去分詞女性単数形（既出。**p.5**の注**6b**）。
6) **nadie hubiera podido**～：「誰も～できなかったかも知れない」（疑惑文）。**hubiera podido** は **poder** の接続法過去完了形。
7) **contenida la una en la otra**：「一方が他方に含まれているので」（分詞構文）。**contenida** は、**contenerse**「含まれる」の過去分詞。
8) **se explicaban y completaban recíprocamente**：「(二つの場面は) 相互に説明しあい、補完しあっていた」（再帰動詞の相互用法）。
9) **he aquí el poema misterioso**：「神秘に満ちた詩がここにある」。**he** は **haber** の直説法現在1人称単数形。**he aquí**～で「ここに～があります」。なお **poema** は、**-a** で終るが男性名詞（ギリシャ語起源の外来語）。他の例：**clima**「気候」、**drama**「ドラマ」、**idioma**「言語」、**sisitema**「組織」、**problema**「問題」など。

　この二つの場面は、一方が他方に含まれているわけで、それらが相互に説明しあい、補完しあっていることを理解しなければ、誰一人としてそれを観賞しえなかったことだろう。不毛の愛、閉ざされた希望、人生の幻滅、世界の永遠の忘却、カンバスに描き込まれた二つの苦行のドラマから引き出される神秘に満ちた詩がここにある。

Las dos glorias

Por lo demás[1], **el color, el dibujo, la composición, todo revelaba un genio de primer orden.**

—Maestro, ¿de quién puede ser esta magnífica obra?[2] **—preguntaron a Rubens sus discípulos, que ya habían alcanzado el cuadro**[3].

—En este ángulo ha habido un nombre escrito[4] **—respondió el maestro —; pero hace muy pocos meses que ha sido borrado**[5]**. En cuanto a la pintura, no tiene arriba de treinta años, ni menos de veinte**[6]**.**

—Pero el autor...

　それはそれとして、色調といい、デッサンといい、構図といい、すべてが第一級の才能を顕示していた。

「先生、この素晴らしい作品は、一体誰のでしょう？」すでに絵のところにやって来ていた門弟たちがルーベンスに尋ねた。

「この隅に名前が書かれてあったのだな」と師匠が答えた。「しかしほんの数か月前に消されてしまっている。絵そのものに関しては30年以上たっていないし、さりとて20年以下でもない。」

「しかし作者は…。」

二つの栄光

1) **por lo demás**:「それはそれとして、その他のことについては」。
2) **¿de quién puede ser esta magnífica obra?**:「この素晴らしい作品は誰のであり得るでしょうか」。疑問詞 **quién** は、英語の who, whose, whom のように格変化せず、それぞれ **quién, de quién, a quién** となる。
3) **ya habían alcanzado el cuadro**:「すでに絵のところにやって来ていた（門弟たち）」。**habían alcanzado** は **alcanzar**「追いつく」の直説法過去完了3人称複数形。「絵のところにやって来る」ことが「尋ねる」より以前に完了していたことを表す。
4) **ha habido un nombre escrito**:「名前が書かれてあった」。**ha habido** は、**haber**「ある、いる」の直説法現在完了3人称単数形。**escrito** は、**escribir**「書く」の過去分詞。
5) **hace muy pocos meses que ha sido borrado**:「ほんの数か月前に（名前が）消されている」。**hace〜que**…で「〜前に…する」。**ha sido borrado** は **borrar**「消す」の受動態、直説法現在完了形。
6) **no tiene arriba de treinta años, ni menos de veinte**:「（絵は）30年以上たっていないし、20年以下でもない」。**no〜ni**…で「〜でもなく…でもない」。なお、**arriba de = más de**。

Las dos glorias

—El autor, según el mérito del cuadro, pudiera ser[1)] Velázquez, Zurbarán, Ribera, o el joven Murillo, de quien tan prendado estoy… Pero Velázquez no siente de este modo. Tampoco es Zurbarán si atiendo al color y a la manera de ver el asunto. Menos aún debe atribuirse a Murillo ni a Ribera: aquél es más tierno, y éste es más sombrío[2)]; y además, ese estilo no pertenece ni a la escuela del uno ni a la de otro. En resumen: yo no conozco al autor de este cuadro, y hasta juraría que no he visto jamás obras suyas[3)]. Voy más lejos[4)]: creo que el pintor desconocido, y acaso ya muerto, que ha legado al mundo tal maravilla, no perteneció a ninguna escuela, ni ha pintado más cuadro que éste[5)], ni hubiera podido pintar otro que se le acercara en mérito[6)]… Ésta es una obra de pura inspiración, un asunto *propio*, un reflejo del alma, un pedazo de la vida… Pero… ¡Qué idea! ¿Queréis saber quién ha pintado ese cuadro? ¡Pues lo ha pintado ese mismo muerto que veis en él[7)]!

「作品のできばえからすると、作者は、ベラスケスやスルバランやリベラが考えられよう。あるいは私の敬愛する若きムリリョも考えられる…。しかし、ベラスケスにはこのような感性はない。色調や事柄の見方に注目すると、スルバランでもない。ましてやムリリョやリベラのものとすることもできない。前者はもっと柔軟だし、後者はもっと暗さがあるはずだから。その上、この画風は個々のどの流派にも属していない。要するに私はこの絵の作者を知らないということで、その人の絵をかつて見たことがない、とさえ言明できよう。さらに言えば、その無名の画家は、

二つの栄光

1) **pudiera ser〜**:「〜でありうるかも知れない」(疑惑文)。**pubiera**は**poder**の接続法過去3人称単数形。
2a) **Menos aún debe atribuirse a Murillo ni a Ribera**:「ましてやムリリョやリベラに帰すべきではない」。続く**aquél**は「前者」、**éste**は「後者」(**p.117**注2参照)。／**2b)** コロン (：) は「すなわち」の意で、セミコロン (；) はカンマとピリオドの中間の区切りを表す。
3) **hasta juraría que no he visto jamás obras suyas**:「その人の絵をかつて見たことがないとまで断言してもよい」(婉曲文)。**juraría**は**jurar**「断言する」の直説法過去未来1人称単数形。
4) **Voy más lejos**:「より遠くへ行く」とは「さらに突き詰めると」。
5) **ni ha pintado más cuadro que éste**:「(そして) この絵しか描いていない」。**ni** = **y no**。**no más〜que**…で「…しか〜ない」。
6) **ni hubiera podido pintar otro que se le acercara en mérito**:「できばえの良さにおいてそれに及ぶようなものは他に描きようがなかったのかも知れない」(疑惑文)。**hubiera podido**は **poder**の接続法過去完了形。**se le acercara**は、**le**「それ (絵) に」+ **acercarse**「近づく」接続法過去3人称単数形。関係節中で、先行詞によって示される人や事物の存在が疑わしいような場合は、従属節中の動詞を接続法にする。この場合の先行詞は**otro**「別の (絵)」。
7) **lo ha pintado ese mismo muerto que veis en él**:「その (絵の) 中に見える死人自身がそれを描いた」。**él**「それ (絵)」は前置詞格人称代名詞。人称代名詞は、主格の場合は通常人のみを表すが、前置詞格人称代名詞として用いられる場合は事物も表す。

すでに亡くなっているだろうが、こんな見事なものを世に残しているのに、どの流派にも属さず、これ以外の絵は描いていないし、できばえの良さにおいてそれに及ぶようなものは他に描きようがなかったのだと思う…。これは純粋なインスピレーションから生まれた作品であり、自分自身の事柄であり、魂の映像であり、人生の一断片なのだ…。しかし…、何という着想だろう！ お前たち、誰がその絵を描いたか知りたいと思うかね？ そう、それはその絵の中にいる死者自身が描いたのだよ！」

Las dos glorias

—¡Eh! Maestro… ¡Vos os burláis![1]

—No: yo me entiendo…

—Pero ¿cómo concebís que un difunto haya podido pintar su agonía[2]?

—¡Concibiendo que un vivo pueda adivinar o representar su muerte![3] Además vosotros sabéis que profesar *de veras* en ciertas Órdenes religiosas es morir.

—¡Ah! ¿Creéis vos?…

—Creo que aquella mujer que está de cuerpo presente en el fondo del cuadro era el alma y la vida[4] de este fraile que agoniza contra el suelo; creo que, cuando ella murió[5], él se creyó también muerto[6], y murió efectivamente para el mundo[7]; creo, en fin, que esta obra, más que el último instante de su héroe o de su autor (que indudablemente son una misma persona), representa la profesión de un joven desengañado de alegrías terrenales…

「何ですって！ 先生…、ご冗談でしょう！」

「いや、私には分かるのだよ…」

「しかし、死者が自分の末期の苦悶を描きえたなどと、どうしてそう考えられるのでしょうか？」

「生ある者は自己の死を予見し、あるいは再現できるものだと考えてな！ その上、ある宗派では本当に信仰することは死ぬことである、ということをお前たちも知っておろうが。」

二つの栄光

1) **¡Vos os burláis!**:「ご冗談でしょう！」。**os burláis** は **burlarse**「冗談を言う、からかう」の直説法現在2人称複数形。主語 **vos**「貴殿、あなた様」には、すでに見たように、動詞活用形は2人称複数形をあてがう。
2) **¿cómo concebís que un difunto haya podido pintar su agonía?**:「どうして死者が自分の末期の苦悶を描きえたなどと考えつくのでしょうか？」。**haya podido** は **poder** の接続法現在完了形。従属節の内容が疑惑を表すので接続法が用いられている。
3) **¡Concibiendo que un vivo pueda adivinar o representar su muerte!**:「生ある者は自己の死を予見し、あるいは再現できると考えてな！」(分詞構文)。主節が省略されているので、前後の文脈からこれを補うと、**Supongo que un difunto haya podido pintar su agonía concibiendo que** ～「私は～と考えて、死者が自分の末期の苦悶を描きえたのではないかと推測している」。
4) **el alma y la vida**:「魂と命」。**alma** は女性名詞。アクセントのかかる **a-, ha-** で始まる女性名詞に定冠詞をつける場合は臨時に **la** でなく **el** を用いる（複数形や不定冠詞の場合はどちらでもよい）。
5) **murió**:**morir**「死ぬ」の直説法点過去3人称単数形（語根母音変化動詞）。直説法現在で語根母音が変化する動詞のうち、**-ir** 動詞は点過去でも語根母音が変化する。（3人称単数形・複数形がそれぞれ **murió**・**murieron** となる）。
6) **él se creyó también muerto**:「彼も自分自身のことを死んだと思った」。**creerse**～で、「自分自身を～と思う」。
7) **para el mundo**:「俗世に対しては、世間的には」。

「ああ！ そうお思いになりますか？…」
「絵の背景に身体の見えている婦人は、地面で死に瀕している僧侶の魂であり生命であったのだと思う。彼女が死んだとき彼も自分は死んだものと思い、そして事実彼は俗世からは消滅した。つまるところ、この作品は、その主人公または作者（疑いなく同一人物なのだが）の最後の瞬間、ということよりむしろ、現世の偽りの喜びから目覚めた青年の告白を表しているのだ…と、そう私には思われるのだ。」

Las dos glorias

—¿De modo que puede vivir todavía?...

—¡Sí, señor, que puede vivir! Y como la cosa tiene fecha, tal vez su espíritu se habrá serenado y hasta regocijado[1], y el desconocido artista sea ahora un viejo muy gordo y muy alegre[2]... Por todo lo cual, ¡hay que buscarlo![3] Y sobre todo, necesitamos averiguar si llegó a pintar más obras[4]... Seguidme.[5]

Y así diciendo[6], Rubens se dirigió a un fraile que rezaba en otra capilla y le preguntó con su desenfado habitual:

—¿Queréis decirle al padre prior que deseo hablarle de parte del rey?

El fraile, que era hombre de alguna edad, se levantó trabajosamente, y respondió con voz humilde y quebrantada:

—¿Qué me queréis? Yo soy el prior.

「そういうことならまだ生きているかも知れませんね？…」

「もちろん、生きているかも知れないさ！ そして物事には時というものがあるから、多分彼の魂はもはや静まり、歓喜さえしているだろう。そしてその見知らぬ芸術家は、今は大変に太った陽気な爺さんになっているかも知れない…。とにかくそういうわけだから、我々は彼を探さなければならない！ とりわけ、彼がもっと別の作品を描いているか否かを調べることが必要だ。私についてきなさい。」

二つの栄光

1) **se habrá serenado y hasta regocijado**：「(彼の魂は)静まり、歓喜さえしているだろう」(推量文)。**se habrá serenado**・**se habrá regocijado**は、それぞれ**serenarse**「静まる」・**regocijarse**「喜ぶ」の直説法未来完了3人称単数形。本来なら現在完了で表される事柄を推量して述べている。
2a) **el desconocido artista sea...**：「その見知らぬ芸術家は、…になっているかも知れない」(疑惑文)。／**2b)** 推量文は事実を述べる気持が強い(直説法未来形・過去未来形などを用いる)が、疑惑文は、事実かどうか分からないことを想像して述べる気持が強い(接続法現在形・過去形などを用いる)。
3) **Por todo lo cual, ¡hay que buscarlo!**：「そういうわけだから、彼を探さねばならない！」。**por todo lo cual**「まったくそのことゆえに」。**lo cual**は関係詞で、先行文全体を受ける。**hay que**~で、「(人は) ~せねばならない」。**buscarlo**：**buscar**「探す」+ **lo**「彼を」(人称代名詞目的格が不定詞の目的語になるとその末尾に結合)。
4) **necesitamos averiguar si llegó a pintar más obras**：「彼がもっと別の作品を描くに至ったか否かを調べることが必要だ」(間接疑問文)。**si**「~かどうか」は、**¿Llegó a pintar más obras?**(直接疑問文)を目的語として主節につなぐための接続詞(英. **if**)。
5) **Seguidme.**：**seguir**「従う」の命令法2人称複数形+**me**「私に」。「私についてきなさい」(人称代名詞目的格が肯定命令形の目的語になると、その末尾に結合する)。なお、命令法2人称複数形は、例外なく「不定詞−**r**＋**d**」で作られる。
6) **así diciendo**：「そのように言いながら」。**diciendo**は、**decir**「言う」の現在分詞。

　そう言ってルーベンスは別の礼拝堂で祈祷している僧侶の方へ行き、いつもの気安い口調で彼に尋ねた。
「国王の代理で修道院長にお話をしたいとお伝えいただけますかな？」
　その僧侶はかなりの年配の男で、わずらわしそうに立ち上がり、しわがれてはいるが謙虚な声で答えた。
「何のご用でございましょう。私が修道院長ですが。」

Las dos glorias

—Perdonad, padre mío, que interrumpa vuestras oraciones[1] —replicó Rubens—. ¿Pudierais decirme quién es el autor de este cuadro?[2]

—¿De ese cuadro?—exclamó el religioso—. ¿Qué pensaría usted de mí si le contestase que no me acuerdo?[3]

—¿Cómo?[4] ¿Lo sabíais y habéis podido olvidarlo?

—Sí, hijo mío; lo he olvidado completamente.

—Pues, padre... —dijo Rubens en son de burla procaz—, ¡tenéis muy mala memoria!

El prior volvió a arrodillarse sin hacerle caso.[5]

—¡Vengo en nombre del rey! —gritó el soberbio y mimado flamenco.

—¿Qué más queréis, hermano mío?— murmuró el fraile, levantando la cabeza.

—¡Compraros este cuadro![6]

—Este cuadro no se vende.

「お祈りの邪魔をして相すみません、神父さん」ルーベンスが答えた。「この絵の作者がどなたかお教えいただけますかな？」

「その絵の、ですか？」僧侶は叫んだ。「覚えていないと申しあげたらいかがお思いになりますかな？」

「何ですって？　ご存知だったのにお忘れになってしまったなどということがあり得ましょうか？」

「そうですよ、あなた。完全に忘れてしまいました。」

「それでは、神父さん…」とルーベンスは厚かましい軽蔑の口調で言っ

二つの栄光

1) **Perdonad, padre mío, que interrumpa vuestras oraciones**：「神父さん、お祈りの邪魔をしてすみません」。**interrumpa**は**interrumpir**「中断する」の接続法現在1人称単数形。主動詞**perdonar**「許す」が意志を表すので、従属動詞は接続法になる。
2) **¿Pudierais decirme quién es el autor de este cuadro?**：「この絵の作者がどなたか私に教えていただけますか？」（婉曲文・間接疑問文）。**pudierais**は**poder**の接続法過去形。婉曲表現には、接続法過去形のほか直説法過去未来形（**¿Podríais～?**）もよく用いられる。なお、この種の間接疑問文については**p.19注1)**を参照。
3a) **¿Qué pensaría usted de mí si le contestase que no me acuerdo?**：「覚えていないと答えたら私をどうお思いですか？」（条件文）。**pensaría, contestase** はそれぞれ**pensar**「考える」の直説法過去未来形、**contestar**「答える」の接続法過去形（**se**形）。／**3b)** 現在の事実の反対を仮定する条件文「もし～なら、…するだろう」は、「**si** + 接続法過去（**ra**形・**se**形）、直説法過去未来形」で表す（**p.117 注3b**参照）。
4) **¿Cómo?**：「何ですって？・何とおっしゃいましたか？」。**¿Cómo (habéis dicho)?**と補えば分かりやすい。
5) **sin hacerle caso**：「彼のことを気にかけずに」。**hacer caso**で、「気にかける、考慮に入れる」。
6) **¡Compraros este cuadro!**：「この絵を買いましょう！」。**compraros**は、**comprar**「買う」＋ **os**「貴殿から」。不定詞の独立文は①「命令」、②「詠嘆」を表す。本文は用法②。

た。「ずいぶんご記憶が悪いのですねえ！」

修道院長は彼のことを気にせず、再び跪いた。

「私は国王の名で参っているのですぞ！」とその傲慢な坊ちゃん育ちのフランドル人が叫んだ。

「ほかに何かご用がおありでしょうか、あなた」と、ゆっくり顔をあげながら僧侶はつぶやいた。

「この絵を買いましょう！」

「その絵は売り物ではございません。」

Las dos glorias

—Pues bien: decidme dónde encontraré a su autor[1]... Su majestad deseará conocerlo[2], y yo necesito abrazarlo, felicitarlo..., demostrarle mi admiración y mi cariño...

—Todo eso es también irrealizable... Su autor no está ya en el mundo.

—¡Ha muerto![3] —exclamó Rubens con desesperación.

—¡El maestro decía bien! —pronunció uno de los jóvenes—. Ese cuadro está pintado por un dinfunto[4]...

—¡Ha muerto! —repitió Rubens—. ¡Y nadie lo ha conocido! ¡Y se ha olvidado su nombre[5]! ¡Su nombre, que debió ser inmortal! ¡Su nombre, que hubiera eclipsado el mío![6] Sí; *el mío*..., padre... —añadió el artista con noble orgullo—. ¡Porque habéis de saber[7] que yo soy Pedro Pablo Rubens!

「それなら、どこへ行ったらその作者に会えるか教えて下さい…。陛下はそのお方をお知りになりたがるでしょうし、私は彼を抱擁し、祝辞を述べて…、私の賞賛と親愛の情を示すことが必要なのです…」

「それもすべて実現しえないことです…。作者はもうこの世にはおりません。」

「亡くなったのですか！」ルーベンスは落胆して叫んだ。

「先生はいみじくも言われたものだな！」青年の一人が言葉を発した。「その絵は死人によって描かれたのだ…」

二つの栄光

1) **decidme dónde encontraré a su autor**:「どこでその作者に会えるか私に言って下さい」(間接疑問文)。このように、疑問詞で始まる疑問文 (**¿Dónde encontraré a su autor?**) を目的節として取り込んで間接疑問文を作る場合は、**si** などの接続詞を介さずに直接つなげればよい (**p.15** の注 4 比較参照)。
2) **su majestad**:「国王陛下」。
3) **ha muerto**:「(彼は) 死んだ」(現在完了)。**muerto** は **morir**「死ぬ」の過去分詞。過去分詞の不規則形にはこのような -to 型 (**abrir → abierto, romper → roto**) や -cho 型 (**decir → dicho, hacer → hecho**) などがある。
4) **Ese cuadro está pintado por un dinfunto**:「その絵は死者によって描かれている」(完了受身文)。「**estar** + 過去分詞」で完了した状態「~して・されてある」を表す (**p.5** 注 6a, **p.7** 注 1 参照)。
5) **se ha olvidado su nombre**:「その名が忘れ去られている」(再帰受身文) または「人はその名を忘れ去っている」(不定主語文)。**se ha olvidado** は **olvidarse**「忘れられる、(人は) 忘れる」の直説法現在完了 3 人称単数形。
6) **¡Su nombre, que debió ser inmortal!**:「その名こそ、不朽のものであってしかるべきだったのに!」。**¡Su nombre, que hubiera eclipsado el mío!**:「その名こそ、私の名をかげらせたに違いないのに!」。**el mío**「私のもの」(所有代名詞) = **el nombre mío**。
7) **habéis de saber**:「ご存知かも知れません」。「**haber de** + 不定詞」(英. **be to**) は、①義務「~すべきだ・しなければならない」、②予定「~するだろう・することになっている」、③予断・可能性「~するはずだ・するかも知れない」などを表す。本文は用法③。

「亡くなったのですか!」ルーベンスは繰り返した。「それに、誰もその人を知らなかったとは! そしてその名が忘れ去られているなんて! その名こそ不朽のものであってしかるべきだったのに! その名に比べたら、私の名など色あせてしまったに違いないのに! そう、私の名…、神父さん…。」その芸術家は気高い誇りをもってつけ加えた。「なぜなら、ご存知かも知れませんが、この私がペドロ・パブロ・ルーベンスだからですよ!」

Las dos glorias

A este nombre, glorioso en todo el Universo, y que ningún hombre consagrado a Dios desconocía ya[1]**, por ir unido a cien cuadros místicos**[2]**, verdaderas maravillas del arte, el rostro pálido del prior se enrojeció súbitamente, y sus abatidos ojos se clavaron**[3] **en el semblante del extranjero con tanta veneración como sorpresa**[4]**.**

—¡Ah! ¡Me conocíais! —exclamó Rubens con infantil satisfacción—. ¡Me alegro en el alma! ¡Así seréis menos fraile conmigo![5] **Conque… ¡vamos! ¿Me vendéis el cuadro?**

—¡Pedís un imposible! —respondió el prior.

—Pues bien: ¿sabéis de alguna otra obra de ese malogrado genio? ¿No podréis recordar su nombre? ¿Queréis decirme cuándo murió?[6]

芸術の極致たる数多くの宗教画に関わっているがゆえに、今や神に仕える者なら知らない者とてない、全世界に冠たるこの名を聞いて、修道院長の青ざめた顔が突然赤くほてり、その生気のない目が、驚きと同様大きな尊敬の眼差しとなってその異邦人の顔に注がれていた。

「ああ！ 私をご存知でしたか！」ルーベンスは子供のような満足感を見せながら叫んだ。「心からうれしく思います。それなら、この際私に対しては僧侶のお立場をお忘れになって下さい。それでは…さあ！ 絵をお売り下さいますね？」

「それはできない相談というものでございますよ」と修道院長は答えた。

「それなら、その薄命の天才が描いた別の作品を何かご存知でしょうか？ その方の名を思い出せませんか？ いつ亡くなったか教えていただけますか？」

二つの栄光

1) **ningún hombre consagrado a Dios desconocía ya**:「今や神に仕える者なら知らない者のない（ところの名前）」。
2) **por ir unido a cien cuadros místicos**:「数多くの宗教画に関わっているがゆえに」。
3) **se clavaron**:「（目が）釘付けになる」とは「視線が注がれる」。
4) **con tanta veneración como sorpresa**:「驚きと同様大きな尊敬の眼差しをもって」。**tanto ~ como...**「…と同じくらい～な」。
5) **seréis menos fraile conmigo**:「私に対してはより少しの僧侶であって下さい」とは、「私に対してはなるべく僧侶のお立場を忘れて下さい」。**seréis** は、**ser**「～である」の直説法未来2人称複数形。このように、直説法未来形で「命令」を表すことがある:**No lo dirás a nadie.**「それを誰にも言うな」（**p.111**注**6b**参照）。
6) **¿Queréis decirme cuándo murió?**:「彼がいつ亡くなったか私に教えていただけますか？」。**querer** + 不定詞は、①「～したい」（英. **want to**）、②「～する気がある、～しようとする」（英. **will**）の両義がある。本文は用法②。別の例:①**Quiero tomar una cerveza bien fría.**「よく冷えたビールを飲みたい」。②**¿Quieres bailar conmigo?**「私と踊ってくれますか？」。

Las dos glorias

—Me habéis comprendido mal... —replicó el fraile—. Os he dicho que el autor de esa pintura no pertenece al mundo; pero esto no significa precisamente que haya muerto[1]...

—¡Oh! ¡Vive! ¡Vive! —exclamaron todos los pintores. ¡Haced que lo conozcamos[2]!

—¿Para qué? ¡El infeliz ha renunciado a todo lo de la Tierra! ¡Nada tiene que ver con los hombres![3]... ¡Nada!... Os suplico, por tanto, que lo dejéis morir en paz[4].

—¡Oh! —dijo Rubens con exaltación—. ¡Eso no puede ser, padre mío! Cuando Dios enciende en un alma el fuego sagrado del genio, no es para que ese alma se consuma en la soledad[5], sino para que cumpla su misión sublime de iluminar el alma de los demás hombres[6]. ¡Nombradme el monasterio en que se oculta el grande artista[7] y yo iré a buscarlo y lo devolveré al siglo! ¡Cuánta gloria le espera!

「よくお分かりになっておられませんな…」僧侶は答えた。「その絵の作者は、俗世に属していないと申し上げたのです。しかしこれは、文字通り彼が死んだということを意味するものではありません…。」

「ああ！ 生きておられる！ 生きておられる！」と画家たちは異口同音に叫んだ。「私どもを彼にお引き合わせ下さい！」

「何のために？ その不幸な人はこの世のあらゆることを諦めているのですぞ！ 世人とは何の関係もありません！ 何にもです！…ですから、彼を安らかに死なせておいてやって下さるようお願いします。」

二つの栄光

1) **no significa que haya muerto**：「彼が死んだということを意味しない」。**haya muerto** は **morir**「死ぬ」の接続法現在完了3人称単数形。この動詞のように、肯定形では直説法を従えるが否定形では接続法を要求するものがある（**creer, ser cierto** など）。
2) **haced que lo conozcamos**：「私どもを彼と知り合わせて下さい」。**conozcamos** は **conocer**「知る」の接続法現在1人称複数形。使役を表す動詞 **hacer**「～させる」が従属節中に接続法を要求。
3) **tiene que ver con ～**：「～と関係がある」。
4) **os suplico que lo dejéis morir en paz**：「彼を安らかに死なせておいて下さるようお願いします」。**dejéis** は、**dejar**「（放任的に）～させる」の接続法現在2人称複数形。主動詞 **suplicar**「懇願する」が接続法を要求。
5) **no es para que ese alma se consuma**：「その魂が燃え尽きるためではない」。**se consuma** は **consumirse**「消耗する」の接続法現在3人称単数形。接続詞 **para que**「～するために」が接続法を要求。なお、**un alma, ese alma** はそれぞれ **una alma, esa alma** とすることもある（**p.13**注4参照）。
6) **no es para que ～, sino para que cumpla su misión**：「～するためではなく、その使命を果たすためである」。**no ～ sino...** は「～でなく…である」。**cumpla** は、**cumplir**「果たす」の接続法現在3人称単数形。目的を表す接続詞 **para que**「～するために」が接続法を要求するのは上で見たとおり。
7) **grande artista**：「偉大な芸術家」。今日では、ふつう **gran artista** とする（語尾脱落）。なお、～**ista** は性共通名詞（男女同形）。

「おお！」ルーベンスは興奮して言った。「そういうわけにはいきませんよ、神父さん。神が人の魂の中で聖なる炎を燃焼させるとき、それはその魂が孤独のうちに燃え尽きるためでなく、余人の魂を照らすという崇高な使命を全うするためですよ。その偉大な芸術家の隠遁しておられる僧院の名をお教え下さい。そうすれば、私はその方を探しに行って彼を俗界に連れ戻して参りましょう。おお！ 何という栄光が彼を待っていることでしょう！」

Las dos glorias

—Pero... ¿y si la rehúsa[1]? —preguntó el prior tímidamente.

—Si la rehúsa acudiré al Papa, con cuya amistad me honro[2], y el Papa lo convencerá major que yo.

—¡El Papa! —exclamó el prior.

—Sí, padre; ¡el Papa!—repitió Rubens.

—¡Ved por lo que no os diría el nombre de ese pintor aunque lo recordase![3] ¡Ved por lo que no os diré[4] en qué convento se ha refugiado!

—Pues bien, padre,¡el rey y el Papa os obligarán a decirlo![5] —respondió Rubens exasperado—. Yo me encargo de que así suceda.[6]

「しかし…もし彼がそれを拒絶したら？」修道院長がおずおずと尋ねた。

「もしも彼が拒絶したら、私は法王に助力を求めます。あの方には友誼をいただいていますし、それに法王なら私より上手に説得して下さるでしょうから。」

「法王ですか！」修道院長は叫んだ。

「そうです、神父さん。法王です！」ルーベンスは答えた。

二つの栄光

1) **la rehúsa**：「それ（栄光）を拒絶する」。**rehúsa**は**rehusar**「拒絶する」の直説法現在3人称単数形。**u**に強勢符（´）がついているが、これは二重母音**[eu]**から**[u]**を分立させるため（正書法上変化の一種）。別の例：**prohibir**「禁止する」（**prohíbo, prohíbes...**）。
2) **con cuya amistad me honro**：「私はその人（法王）の友愛に浴している」。**cuyo**は関係形容詞（英. **whose**）。形容詞の一種なので、名詞**amistad**に一致して女性形になっている。
3) **¡Ved por lo que no os diría el nombre aunque lo recordase!**：「たとえその名を思い出しても申し上げませんので、そうご理解下さい！」。**Ved por 〜**. 「〜として理解しなさい」。**ved**は**ver**「見る・分かる」の命令法2人称複数形。**lo que 〜**は「〜すること」。**no os diría 〜 aunque lo recordase**の部分はいわゆる譲歩文。現在の事実の反対を仮定する譲歩文「たとえ〜しても…するだろう」は、「**aunque**＋接続法過去（**ra**形・**se**形）、直説法過去未来形」で表される。
4) **no os diré en qué convento se ha refugiado**：「どの修道院に隠遁しているかを申し上げるつもりはありません」（間接疑問文）。**diré**は、**decir**「言う」の直説法未来1人称単数形。
5) **el rey y el Papa os obligarán a decirlo**：「国王と法王があなたにそれを言わせることになるでしょう」。**obligarán**は**obligar**「余儀なく〜させる」の直説法未来3人称複数形。
6) **Yo me encargo de que así suceda.**：「私は進んでそうなるよう手をつくします」。**me encargo**は、**encargarse**「引き受ける」の直説法現在1人称単数形。**suceda**は、**suceder**「（事が）起きる」の接続法現在3人称単数形。従属節の内容が「不定未来」を表すので接続法になっている。

「たとえその画家の名を思い出したとしても申し上げることはいたしませんので、さようご承知おき下さい！ どこの修道院に隠遁しているかということも申し上げませんので、さようご承知おき下さい！」

「それでは、神父さん、国王と法王があなたにそれを言わせることになりましょう！」ルーベンスは激怒して言った。「私は進んでそうなるよう手をつくします。」

Las dos glorias

—¡Oh! ¡No lo haréis![1] —exclamó el fraile—. ¡Haríais muy mal[2], señor Rubens! Llevaos el cuadro si queréis[3]; pero dejad tranquilo al que descansa. ¡Os hablo en nombre de Dios! ¡Sí! ¡Yo he conocido, yo he amado, yo he consolado, yo he redimido, yo he salvado[4] de entre las olas de las pasiones y las desdichas, náufrago y agonizante, a ese grande hombre, como vos decía, a este infortunado y ciego mortal, como yo le llamo; olvidado ayer de Dios y de sí mismo, hoy cercano a la suprema felicidad!... ¡La gloria!... ¿Conocíais alguna mayor que aquélla a que él aspira? ¿Con qué derecho queréis resucitar en su alma los fuegos fatuos de las venidades de la Tierra, cuando arde en su corazón la pira inextinguible de la caridad[5]? ¿Creéis que ese hombre, antes de dejar el mundo, antes de renunciar a[6] las riquezas, a la fama, al Poder[7], a la juventud, al amor, a todo lo que desvanece a las criaturas, no habrá sostenido ruda batalla con su corazón?[8] * (Continuará)

「おお！　そんなことはなさらないで下さい！」僧侶は叫んだ。「あなたは大変悪いことをなさいますね、ルーベンスさん。お望みならその絵をお持ち下さい！　しかし休んでいる人はそのまま静かにさせてやって下さい。神の名においてそう申しているのですぞ！　そうです！　あなたの言われるその偉人を、私の言うこの不幸な盲目の人間を私はよく知り、愛し、なぐさめ、迷いから請戻し、受難と悲運、難破と苦悶の波間から救い出してきました。過去においては神も自分自身も忘れていましたが、

二つの栄光

1) ¡No lo haréis!：「それをなさらないで下さい！」。haréis は、hacer「する」の直説法未来２人称複数形。接続法現在２人称複数形を用いて ¡No lo hagáis! とすることもできる。
2) Haríais muy mal：「あなたは大変悪いことをなさいますね」（婉曲文）。haríais は、hacer「する」の直説法過去未来２人称複数形。
3) Llevaos el cuadro si queréis：「お望みならその絵をお持ち下さい」。llevaos は llevarse「持ち去る」の命令法２人称複数形。llevados とならないことに注意（音脱落）。
4) he conocido, he amado, he consolado, he redimido, he salvado：それぞれ conocer「知る」、amar「愛する」、consolar「なぐさめる」、redimir「（迷いなどから）請戻す」、salvar「救う」の直説法現在完了１人称単数形。現在完了形は、過去に行われたことを現在における結果として述べる。
5) la pira inextinguible de la caridad：「仁愛の不滅火」。
6) antes de renunciar a ~：「~をあきらめる前に」。antes de + 不定詞「~する前に」。
7) el Poder「（司教・枢機卿・法王座などの持つ具体的な）権力」。cf. el poder「（一般的な）権力」。
8) ¿...no habrá sostenido ruda batalla con su corazón?：「自分の心との凄絶な葛藤がなかった（と思いますか？）」（推量文）。habrá sostenido は sostener「（つらいことを）続けてする」の直説法未来完了３人称単数形。この従属節の述部に対応する主部は３行上の ese hombre。「その男は…葛藤にさいなまれていなかった（とあなたは思いますか？）」。

今は至福の戸口にいるのです！… 栄光ですよ！… 彼の熱望するその栄光より偉大な栄光を何かご存知ですか？ 彼の心には仁愛の不滅火が燃えているというのに、何の権利があってこの世の空虚な鬼火を彼の魂の中に甦らせようとなさるのですか？ その男には、世を捨てる前に、富や名声や権力や若さや恋や、人間をして思い上がらせるすべてのものを放棄する前に、自分の心との果てなき凄絶な葛藤がなかったとでも思いますか？＊（続く）

27

Las dos glorias

*(Continuación) ¿No adivináis los desengaños y amarguras que lo llevarían al conocimiento de la mentira de las cosas humanas?[1] Y ¿queréis volverlo a la pelea cuando ya ha triunfado?

—Pero ¡eso es renunciar a la inmortalidad! —gritó Rubens.

—¡Eso es aspirar a ella!

—Y ¿con qué derecho os interponéis vos entre ese hombre y el mundo? ¡Dejad que le hable, y él decidirá![2]

—Lo hago con el derecho de un hermano mayor, de un maestro, de un padre; que todo estoy soy para él[3]... ¡Lo hago en el nombre de Dios, os vuelvo a decir![4] Respetadlo..., para bien de vuestra alma.[5]

Y así diciendo, el religioso cubrió su cabeza con la capucha y se alejó a lo largo del templo.[6]

＊（続き）失望や苦渋の経験が彼に世事の虚偽について知らしめたのだ、とは考えられませんか？ それでもあなたは彼を闘争の中に引き戻そうとなさるのですか？ すでに彼はそれに打ち勝っているというのに。」

「しかしそれは不朽の名を放棄するということですよ！」ルーベンスは叫んだ。

「それこそが不朽を熱望するということですよ！」

「で、何の権利があってあなたはその人と世間の間に介入するのですか？ 彼に話をさせてやって下さい。そうすれば彼が決定を下すでしょ

二つの栄光

1) **¿No adivináis los desengaños y amarguras que lo llevarían al conocimiento de la mentira de las cosas humanas?**:「失望や苦渋（の経験）が彼に世事の虚偽について知らしめたのだ、とは考えられませんか？」。
2a) **¡Dejad que le hable, y él decidirá!**:「彼に話をさせてやって下さい。そうすれば彼が決定を下すでしょう！」。命令形＋yで、「～しなさい、そうすれば…」。**hable**は**hablar**「話す」の接続法現在3人称単数形。主動詞**dejar**「（放任的に）～させる」（使役）が接続法を要求する。／**2b)** 接続法を要求する観念は、①意志、（命令・願望・依頼・禁止・使役など）②疑惑（疑い・不知・可能性・否定など）、③感情（喜び・悲しみ・恐れなど）の3種類。
3) **todo estoy soy para él**:「私は心身ともにすべて彼のためにある」。**estoy·soy**はそれぞれ「物理的・精神的に 私はいる」。
4) **¡Lo hago en el nombre de Dios, os vuelvo a decir!**:「もう一度申しますが、私は神の名においてそうしているのです！」。**vuelvo**は**volver**「帰る、戻る」の命令法2人称複数形。**volver a**＋不定詞で「再び～する」。
5) **Respetadlo…, para bien de vuestra alma.**:「それ（神）を敬いなさい…、あなたご自身の魂の徳操のために」。**respetadlo**は、**respetar**「尊敬する」の命令法2人称複数形＋**lo**「それを」。
6) **Y así diciendo, el religioso cubrió su cabeza con la capucha y se alejó a lo largo del templo.**:「こう言って、僧侶は頭に頭巾をかぶせ、寺院に沿って遠のいて行った」。**diciendo**は**decir**「言う」の現在分詞。**a lo largo de**「～に沿って」。

う！」

「兄としての、師匠としての、神父としての権利でそうしているのです。私は心身ともにすべて彼のためにあるのですから…。もう一度申しますが、私は神の名においてそうしているのですぞ！ 神を敬いなされ…、あなたご自身の魂の徳操のために。」

そして、こう言いながら僧侶は頭に頭巾をかぶせ、寺院に沿って遠のいて行った。

Las dos glorias

—Vámonos —dijo Rubens —. Yo sé lo que me toca hacer.[1]

—¡Maestro!—exclamó uno de los discípulos, que durante la anterior conversación había estado mirando[2] alternativamente al lienzo y al religioso—. ¿No creéis, como yo, que ese viejo frailuco[3] se parece muchísimo al joven que se muere en este cuadro?

—¡Calla! ¡Pues es verdad! —exclamaron todos.

—Restad las arrugas y las barbas, y sumad los treinta años que manifiesta la pintura, y resultará que el maestro tenía razón[4] cuando decía que ese religioso muerto era a un mismo tiempo retrato y obra de un religioso vivo. Ahora bien: ¡Dios me confunda si ese religioso vivo no es el padre prior[5]!

Entretanto Rubens, sombrío, avergonzado y enternecido profundamente, veía alejarse al anciano[6], el cual lo saludó cruzando los brazos sobre el pecho poco antes de desaparecer[7].

「さあて」ルーベンスは言った。「どうしたらいいかは分かっているんだ。」

「先生！」門弟の一人が言った。彼は先刻の二人の会話の間、カンバスと僧侶とを交互に見つめていたのであった。「あの爺の生ぐさ坊主はこの絵の中で死にかかっている青年とずいぶん似ていると思うのですが、いかがお思いですか？」

「要らんことを言うな！ 事実そうなんだよ！」皆が叫んだ。

「しわとひげを取り去って、絵から分かる30年を足してみろ。そうす

二つの栄光

1) **Vámonos. Yo sé lo que me toca hacer.**:「さあ。どうすべきかは分かっているんだ」。**vámonos**は、本来**irse**「(自ら進んで)行く」の直説法現在1人称複数形だが、ここでは間投詞「さあ」の意味。**vámosnos**とならないことに注意(音脱落)。
2) **había estado mirando**:「見つめ(続け)ていた」。**había estado**は、**estar**の直説法過去完了3人称単数形。**mirando**は、**mirar**「見る」の現在分詞。**estar**+現在分詞で、進行形「〜しつつある」。
3) **frailuco**:**fraile**「僧侶」+ **uco**(軽蔑辞)、「生ぐさ坊主」。
4) **el maestro tenía razón**:「先生は正しかった」。**tenía**は**tener**「持つ」の直説法線過去3人称単数形。**tener razón**「もっともである」。
5) **Dios me confunda si〜.**:「もしも〜であるとすれば私は頭が混乱してしまうだろう」(疑惑文)。**confunda**は、**confundir**「混乱させる」の接続法3人称単数形。**Dios**「神」を主語にすることで、(人間の)無力性のニュアンスが添えられている。**cf. Dios sabe.**「神のみぞ知る(=誰も知らない)」。
6) **avergonzado y enternecido profundamente, veía alejarse al anciano**:「(ルーベンスは)深く恥じ入り、心打たれて、老人の遠ざかるのを見ていた」。**avergonzado, enternecido** はそれぞれ **avergonzar**「恥じ入る」、**enternecer**「心を打つ」の過去分詞。**ver**+目的語+不定詞で「〜が…するのを見る」。(目的語が不定詞の意味上の主語。**ver, mirar, oír, escuchar**などの知覚動詞はすべてこのような構文を作りうる)。
7) **el cual lo saludó cruzando los brazos**:「彼(老人)は、腕を交差させて(=十字を組んで)彼に挨拶した」。**el cual**は関係代名詞。

れば、その死んだ僧侶がある存命中の僧侶の肖像画であると同時にその人の作品でもあると先生は言われたが、それが正しかったことが判明するだろう。さてそこで、もしその存命中の僧侶が、修道院長その人でないとしたら、ほかに考えようがなかろう!」

　一方、ルーベンスは、意気消沈し、深く恥じ入り、完全に心打たれてしまって、古老の遠ざかるのを見ていた。老人は、胸の上に腕で十字を組んでルーベンスに挨拶し、そして間もなく姿を消した。

Las dos glorias

—¡*Él era*..., sí! —balbuceó el artista—. ¡Oh! ... Vámonos —añadió volviéndose a sus discípulos.[1)] —¡Ese hombre tenía razón! ¡Su gloria vale más que la mía[2)]! ¡Dejémoslo morir en paz[3)]!

Y dirigiendo una última mirada al lienzo que tanto le había sorprendido[4)], salió del templo y se dirigió a Palacio, donde lo honraban sus majestades teniéndole a la mesa[5)].

. . . .

Tres días después volovió Rubens, enteramente solo a aquella humilde capilla, deseoso de contemplar de nuevo la maravillosa pintura[6)], y aun de hablar otra vez con su presunto autor[7)].

Pero el cuadro no estaba ya en su sitio.

「彼だったのだ…、そうだ！」ルーベンスは口ごもりながら言った。「おお！…。さあ、お前たち…」彼は門弟の方へ向き直りながらつけ加えた。「あの男の言うとおりだ！ 彼の栄光は私のそれよりも価値が高い！ 彼をそっと死なせておいてやろう！」

彼をそれほどに驚かせたカンバスに最後の一瞥をくれて、彼は寺院を出て宮殿へ向かった。そこでは陛下ご夫妻の食卓に迎えられ、厚いもて

二つの栄光

1a) volviéndose a sus discípulos：「門弟の方へ向き直りながら」。**volviéndose**は、**volverse**「振り向く」の現在分詞。／**1b)** 目的格人称代名詞（再帰代名詞も含む）は、不定詞・肯定命令形のほか現在分詞の目的語になる場合もその末尾に結合する。

2) Su gloria vale más que la mía.：「彼の栄光は私のそれより価値が高い」。定冠詞＋所有形容詞後置形で、「～のもの」を表す（所有代名詞）。それが関わる名詞（本文では**gloria**）に性数を一致させる。

3) Dejémoslo morir en paz.：「彼を安らかに死なせておいてやろう」。**dejémoslo**は、**dejar**「放置する」の接続法現在1人称複数形＋**lo**「彼を」。接続法現在1人称複数形は「…しよう」と勧誘を表す。口語では、**Vamos a**＋不定詞の方が多用される。

4) dirigiendo una última mirada al lienzo que tanto le había sorprendido：「彼をそれほどに驚かせたカンバスに最後の視線を投げかけて」。

5) se dirigió a Palacio, donde lo honraban sus majestades teniéndole a la mesa：「彼は寺院を出て宮殿へ向かい、そこでは陛下ご夫妻が彼を食卓に迎えて厚遇した」。**teniéndole**は、**tener**「持つ」の現在分詞＋**le**「彼を」。

6) deseoso de contemplar de nuevo la maravillosa pintura：「改めてその素晴らしい絵を見たいと願って」。**de nuevo**「新たに、改めて」。**de**＋形容詞で-**mente**の副詞と同義の副詞句になる：**de repente** = **repentemente**「突然に」。

7) presunto autor：「推定される作者」。

なしを受けたのであった。

・・・・・・・・・・・・・・・・・・・・・・・・・・・・・・

　三日後ルーベンスは、改めてその素晴らしい絵をじっくりと見て、さらに作者と思しき人ともう一度話したいと願って、たった一人でそのみすぼらしい礼拝堂へ赴いた。

　しかしその絵はすでにもとの場所にはなかった。

Las dos glorias

En cambio se encontró con que en la nave principal del templo había un ataúd en el suelo[1], rodeado de toda la comunidad, que salmodiaba el Oficio de difuntos[2]...

Acercóse a mirar el rostro del muerto[3], y vio que era el padre prior.

—¡Gran pintor fue!... —dijo Rubens, luego que la sorpresa y el dolor hubieron cedido lugar a otros sentimientos[4]—. ¡Ahora es cuando más se parece a su obra[5]!

Madrid, 1858.

代りに、寺院の中央広間の床に棺が一つあるのに出くわした。そして修道会の全員がそれを取り囲んで供養のための賛美歌を歌っていた。

近づいて死者の顔を見ると、それは修道院長であった。

「偉大な画家であった！…」。驚きと悲しみが何か別の感情に変わっていくや否や、ルーベンスは言った。「この今こそ、彼が自分の作品に最も似つかわしい姿を体現したそのときなのだ！」

マドリード、1858年。

二つの栄光

1) **En cambio se encontró con que en la nave principal del templo había un ataúd en el suelo**:「代りに、寺院の中央広間で床に棺が一つあるのに出くわした」。**se encontró**は、**encontrarse**「出会う」の直説法点過去3人称単数形。
2a) **rodeado de toda la comunidad**:「修道会の全員に取り囲まれて（棺があった）」。／ 2b) **que salmodiaba el Oficio de difuntos**:「そして（修道会の全員が）供養のための賛美歌を歌っていた」。**que**は関係代名詞の説明的用法「…そして〜」。
3) **Acercóse a mirar el rostro del muerto**:「（彼は）近づいて死者の顔を見た」。この場合の**a**は**para**「〜するために、〜して（その結果）…する」と同じ意味。
4) **luego que la sorpresa y el dolor hubieron cedido lugar a otros sentimientos**:「驚きと悲しみが何か別の感情に変わっていくや否や」。**hubieron cedido**は、**ceder**「譲る」の直説法直前過去完了3人称複数形。過去の一時点の直前になされたことを表す。現在この時制はほとんど用いられず、代わりに直説法点過去（**cedieron**）や直説法過去完了（**habían cedido**）が用いられる。
5) **Ahora es cuando más se parece a su obra.**:「今こそ彼が自分の作品に最もよく似ているときだ」。

解説
ペドロ・アントニオ・デ・アラルコンについて

　『二つの栄光』"Las dos glorias"の作者、ペドロ・アントニオ・デ・アラルコン（Pedro Antonio de Alarcón, 1833-1891）は、つとに著名なスペインの詩人・小説家・批評家・政治家で、1833年3月10日、スペイン・グワディス（グラナダ）の、貧しいが由緒ある家系に生まれ、1891年7月10日、マドリードで没する（享年58歳）。代表的な作品に『国民史話』・『三角帽子』・『醜聞』などがある。上に訳した『二つの栄光』は、前記の『国民史話』"Historietas Nacionales"（Colección Austral）から採られたものである。

経歴

　ペドロ・アントニオ・デ・アラルコン（以下、単にアラルコン）は、学童初期からあるフランシスコ派の出庵僧に哲学の手ほどきを受け、14歳で生地の学校から「得業士」（bachiller）の称号を受ける。その後神学校に入って宗教学を研究するかたわら、詩・論文・小説を書き始めた。神学校時代後期に、同郷の新聞小説作家トルクワト・ターラゴとともに雑誌『西洋の反響』を創設した。その後、両親との対立がもとで神学校を中途退学し、生家を捨ててマドリードへ赴くが、そこで一介の兵士に身をやつして辛酸をなめたあげく、再度グラナダへ戻って両親に詫びを入れて和解し、グラナダ大学に籍を置く。しかし、破壊的概念の衝動に突き動かされて、またピカールバロ（マドリード）の軍事的反乱*に熱狂した熱血漢アラルコンは、弱冠20歳にして、グラナダ暴動の先頭に立った。大胆にも、僧侶団や国家軍隊のような強力な権力に戦いを挑んだのであ

った…。

＊ピカールバロの軍事的反乱：1854年6月に、マドリードの近郊ピカールバロで、ドゥルセ、オドンネル両将軍の起こした軍事クーデター。これによりオドンネル内閣が誕生し、長期政権が成立する（～1863年）。

*

　勢いよく掲げた反旗もほろほろに、志半ばにして再度マドリードへ舞い戻り、今度は、いや、またしても、反教会的・反王朝的な内容の小新聞『鞭』の発刊へ向けて精力を傾注する。当時のアラルコンについて面白い評釈がある。「アラルコンは『著名にして公的な革命扇動家』というレッテルを貼られたが、それは、皮肉にも彼がそうである（扇動的である）のをやめた、まさにその日のことであった。すなわち、作家エリベルト・ガルシーア・デ・ケベード＊の気品ある振る舞いによって、アラルコンが『再生した』日のことであった…」と。すなわちこうである。あるとき、行きがかり上、ケベードとアラルコンがピストルで決闘をすることになってしまう。アラルコンが先に引き金を引いたが射外してしまい、そのあとケベードが気品に満ちた、紳士的な態度で銃を宙に向けて発砲したのであった。「根の根まで」感動したアラルコンは人知れずこっそりとセゴビアへ赴くが、それは、諸々のしがらみ、束縛から逃れ、文学に専念するためであった。ところが、折しもアフリカ戦争＊＊（1859-1860）が勃発し、アラルコンはシウダ・ロドリゴ（サラマンカ）の戦いに兵士として参戦して、本営に配属されて戦功をあげ、サン・フェルナンド十字章＊＊＊を授けられた。

＊作家エリベルト・ガルシーア・デ・ケベード：この事件によってのみ名を残している新聞作家で、その文学活動や作品についてはほとんど知られていない。＊＊アフリカ戦争：モロッコ農民の騒乱を契機として1859年10月22日ス

ルタンに対して宣戦布告がなされた。時の政府の真意は、沸騰する国民の不満、特にアナーキストたちの不満を逸らせるためであったらしい。＊＊＊サン・フェルナンド十字章：カスティリア・レオンの王フェルナンド三世（1199～1252）の偉業（失地回復）を記念して設けられた勲章。

*

　文学に目覚めたアラルコンは、このような「夢に盗まれた」時も無駄にはしなかった。つまりこの期間に、従軍の体験を生かして書簡形式で綴ったのが、有名な『アフリカ戦争従軍記（ある証人の手記）』（1860）である。愛国心に満ちたこの作品は、当時のスペイン人の目から見ると「溜飲の下る思い」のするものであったようで、刊行と同時にスペイン全土に広まった。実際アラルコンの名はこの作品によってはじめて、あまねく知れ渡ることになる。（これより前に執筆した各種の評論は逆に多くの敵をつくり、奇を衒って書いた戯曲『放蕩息子』は酷評されていたようである。）

　アラルコンはグワディスから前後２回にわたって国会議員に選出された。その際彼は、時の臨時政府によりスエーデンおよびノルウェーの全権大使として任命されたが、受託しなかった。このような時にあって彼が自ら選んで自費で行ったイタリアへの旅は、それを補って余りある収穫を彼にもたらし、『マドリードよりナポリへ』の中に結実した。同書はスケールの大きさといい、全体の構成といい、内容の面白さといい、前作をはるかに凌いでいるとの評価を得た。

　1874年アラルコンは国王アルフォンソ７世の復位を擁護した功績によって、翌年国政顧問官を拝命したのであった。（アラルコンはここでは辞退しなかった。筆者の私見では、ここで一人のアラルコンが死に、別のアラルコンが生まれた。）この時を期して彼は扇

動的な政治生活から完全に身を引き、全身全霊文学活動に邁進することになる。

アラルコンは『グラナダの綱』(Cuerda Granadina) という青年文学者及び芸術家たちの同人会に所属していたが、この会の成員は後にほとんど全員が、それぞれの分野で頭角を現し、錚々たる名士になって巣立っていった。この頃のアラルコンは当時最も重要とされていた新聞に、『昨今』・『アメリカ』・『判断基準』・『啓蒙精神』・『絵画養成所』・『海外郵便』・『世界美術館』などの論評を次々に発表して時流に多大な影響を与えた。そして彼は、1877年2月25日スペイン王立翰林院の構成員に迎えられる。

主要作品
　アラルコンの主要作品は次のとおり。
(1) 『放蕩息子』(1857)
(2) 『アフリカ戦争従軍記（ある証人の手記）』(1860)
(3) 『ノルマの最期』（小説、1861)
(4) 『マドリードよりナポリへ』(1861)
(5) 『文学・芸術評論』(1873)
(6) 『真摯にして飄逸なる詩』(1873)
(7) 『ラ・アルパハーラ』(1873)
(8) 『三角帽子』（小説、1875)
(9) 『醜聞』（小説、1875)
(10) 『勇者』（小説、1880)
(11) 『放蕩女』（小説、1880)
(12) 『恋愛小話』（既発表分のまとめ、1881)
(13) 『国民史話』（既発表分のまとめ、1881)

(14)『信じがたき物語』(既発表分のまとめ、1881)
(15)『キャプテン・ベネーノ』(小説、1881)
(16)『既成の事柄』(1882)
(17)『スペイン旅行』(1883)
(18)『わが著作の歴史』(1889)
(19)『最後の著作』(1889)

*

　アラルコンの書物の初版はすべてマドリードで刊行され、何回となく版を重ね、またその多くは繰り返し諸外国語に翻訳された。アラルコンは、詩人とか劇作家としてはあまり重要視されていないようである。世評によれば、彼の詩はいわゆるインスピレーションに欠け、「古くさいネオクラシック音楽」の調べを聴くようであるという。彼の戯曲もまた活力と斬新さに乏しいとされるが、小説や物語であれほどの天性を余すことなく披瀝した作家として、このことは大変に不思議なことではある。

　アラルコンは「評論家としては名高く、小説家としては特記するに値し、物語作家としては最高峰の一角に位置する」と言われる。多くの短編、例えば、『モーロ人とキリスト教徒』・『心の釘』・『黒い瞳』・『死の友』・『六つのベール』・『守護天使』・『炭焼き市長』・『修道尼』・『幸運』などには、逞しい想像力や表現の優雅さといった文学技法が遺憾なく発揮されており、また人間へのこよなき関心と愛着・人間的哀感といった持ち前の人間性がにじみ出ている、と評価される。(上に見た『二つの栄光』にもそれは感じられる。)

*

（作品概説）　アラルコンより少し後の文学者で伯爵夫人のエミリア・パルド・バサンは、『三角帽子』を称して「スペインにおける

小説・物語の王」と述べたと言われるが、なるほど納得できる。世評も、「人物や状況の魅力的な描写といい、対話のみずみずしさといい、時代が違えば、かの有名なセルバンテスも書いたであろうような痛快さが感じられる」としている。事実、この『三角帽子』は、『ドン・キホーテ』に次ぐセルバンテスの傑作、『模範小説集』と並び称されている。

　悪者小説的なテーマ、みごとな筋の展開、自然な対話の面白さ、折々に現れるスペイン的人間性、アクションの適度なスピード、表現における豊かな色彩性、全体的な構成と調和…こういった諸々の特徴の中に『三角帽子』のうまみがあると言われる。アラルコンはこの小さな「模範」小説一冊によって、17世紀以来のスペイン小説の持つ豊かなリアリズムをあらゆる意味において改革したとも言われる。この作品の概要は、権力を笠に着る市長が手練手管を弄して美しい水車番のおかみに横恋慕をするが、堅い操に阻まれて、結局は物笑いの種になる（三角帽子とは市長のかぶりもので、権力の象徴）という物語で、権力に対する反抗精神を描いて、抑圧された憤懣やる方ない民衆に対して「溜飲を下す錠剤」の役割を果たしている。このように一般受けする内容をも合わせ持つ『三角帽子』は、単なる一小説にとどまっているはずはなく、20世紀初頭にスペインの音楽家マヌエル・デ・ファリャによってオペラ化され、劇場で上演されて喝采を博した。また、木下順二の『赤い陣羽織』がこの作品の翻案であることもよく知られている。

*

　ところで、上述のエリベルト・ガルシーア・デ・ケベードとの決闘事件を契機としてアラルコンは深い精神的危機に陥り、爾来彼はパウロ的転向を体験してそれまでとは打って変わったカトリック

的・保守的な立場に立ち、道徳問題に関心を寄せる作家に変身する。若い時代の物語集に続いて、この時期にはより長編の作品を発表する。これらの作品には「傾向小説」に近い性格を持った、深い道徳的な問題意識と性格描写への試みが見られる。『醜聞』はこういう時期に書かれたものの一つで、文字通りアラルコンを代表する一大長編小説である。昔の過失のため、苦しい立場に追い込まれているファビアン・コンデの道徳的な疑念を中心に展開される。聴罪師であるイエズス会のマンリケ神父の影響によって、主人公は紆余曲折の後、精神の危機をすべて克服して立ち直り、ガブリエラの愛を獲得するに至る。『醜聞』はその刊行と同時に高い評価を得て、「現代スペイン文学の最高傑作」とうたわれた。公約数的な評によれば、それは中味が濃く、情熱的で、痛快でもある。その感傷主義的な筆致は、情感豊かな内容を盛り立て、読者の心を捉えて離さない。加えて、その明快な、滑るような文体はある種の生理的心地よさを読む者に与えてくれる、という。

『勇者』も、文学的な質の面では『醜聞』に勝るとも劣らぬ出来ばえであると言われる。登場人物を突き動かす情熱、彼らに重くのしかかる運命、彼らを翻弄する悲劇の数々などの描写が美しく、ためにひとたびこの作品を紐解くと、そこには強烈な魅力と迫力を持った「叙事詩の世界」が展開する。この作品は、人によって評価が分かれ、『醜聞』を凌ぐ逸作であると言う者がある一方、単なるメロドラマにすぎないと酷評する者もいる。いずれにせよ、弱者(人間)と強者(運命)とを対置して、弱者が強者に弄ばれながらも果敢に闘いを挑むという、悲壮にして宿命的な姿を人間愛の観点から描こうとしたアラルコンの姿勢には共感できるのではないかと思う。

『放蕩女』『キャプテン・ベネーノ』および『ノルマの最期』はいずれも、上記の作品とりわけ『三角帽子』や『醜聞』に比べれば、若干見劣りのする作品群であるという。『放蕩女』はアラルコンの作品中最も道徳色の強いもので、巧みに「組み立てられ脚色されて」いて、訓示的でさえある。『キャプテン・ベネーノ』は「サロン風」の喜劇で、恋のかけ引きを描いたアグスティン・モレト・イ・カバナの『意地張り同士（侮蔑には侮蔑)』などのテーマにも似て、愉快ではあるが、他愛のない内容の作品であるという。『ノルマの最期』は、情感豊かで感傷性に満ちた内容ではあるが、文体は貧弱で、全体の構成もどこかちぐはぐして安定感を欠いているとされる。

＊

　このように、個々の作品によっては評価の分かれるものもあるが、アラルコンの小説は総じてみれば高評で、「小説に非凡な才能を発揮した」とするのが大勢の見方であった。パルド・バサン女史も次のように書いている。「アラルコンは生まれながらの小説家であった。彼は人の心を捕え、うっとりさせる術を心得ていた。（登場人物の）性格を自由自在に粉飾したり、愛情や情熱をたくみに誘発したり、思想に豪華華麗な衣を着せたりする術を心得ていた。そして章句を手際よく取り合わせ組み合わせて、読者の嗜好に合うように料理して卓上に並べる述を心得ていた」。

　すでに一部触れた『マドリードよりナポリへ』及び『ラ・アルパハーラ』は、旅行記の見本のようなものである、というのが一般的な見方である。前者は、内的印象の取り上げ方やその表現法が快く、忠実で、魅力的である。その記録は美しく、芸術的であるとされる。後者は、多くの要素がみごとな構成のもとに組み立てられて

いる。歴史・伝統・地理などに関する才気あふれる解釈、習慣に関する鋭い考察、芸術的なものと民衆的なものとの奇抜な組み合わせ、宗教についての生き生きとした記録の数珠であるとされる。確かに、この二冊はスペインで最も多くの人に愛読された旅行記である。

*

アラルコンのすぐれた著作の出版物は幾つかの全集（例えば、『アラルコン作品全集』マドリード・フォックス社、1933）として刊行されている。また、それらの作品のうちには、舞台で上演されたり、映画化されたりしたものも複数に上る（例えば、『三角帽子』『心の釘』など）。

アラルコンは、見方によっては、セルバンテスとともにスペイン小説界の双壁と見ることができる。両者とも、世界の寵児たらんと「画策」して果たせず、立ち返るべきところを模索し、悪戦苦闘する。その精神的格闘において、一敗二敗地にまみれ、汚濁と絶望の淵から這い上がってくる。その過程において、独自にしてしかも万感を呼ぶ人間性や、非凡とも見える諸能力を掴んでゆく。いたずら好きではにかみや的性格、悪者的にして誠に健全な精神、借り物でない、真に自己の内面から苦悩の末につくりあげた世界観…。世事や諸々の物事を鳥瞰し、透視する能力、選択し捨象し組み合わせ、配列構成して意味を深める能力、人々の心の奥の奥まで入り込んで揺すぶることのできる能力…。これこそまさしく、切なくも快い、弱々しくかつ逞しい、個的であってしかも普遍的な、須臾にして永遠なる人間性というものではないだろうか？

スペイン小説黄金期の群像

アラルコンは、フェルナン・カバリェロ、バレラ、ペレダ、ガルドス、パルド・バサン、クラリン（レオポルド・アラース）、パラシオ・バルデスらとともに、19世紀スペイン小説界の代表集団を構成している。それは、同時代のロシア、イギリス、フランスの小説界に対応し、またこれらに伍して、「スペイン小説の黄金世紀」を現出した、と言えるかも知れない。以下、現代スペイン文学の概説書を紐ときながら、アラルコン以外の「19世紀スペイン小説界の代表集団」について触れておきたい。

*

フェルナン・カバリェロ（Fernán Caballero, 1796-1877）は、アラルコンとともに、ロマン主義から写実主義への過渡期に現われた作家で、両者とも客観性と精密さを欠く嫌いがあるとされるが、風俗の描写を小説のプロットに組み入れるなど、写実主義の端緒を開いた功績は高く評価されている。なお、フェルナン・カバリェロの代表作は『かもめ』である。アンダルシアの漁夫の娘がドイツ人の医師と結婚したあと、マドリードで歌手として大きな成功をおさめる。しかし闘牛士と恋に陥り、夫に捨てられ、声も失い、失意のうちに一人故郷に帰る。

バレラ（Juan Valera, 1824-1905）、ペレダ（José M. de Pereda, 1833-1920）、ガルドス（Benito Pérez Galdós, 1834-1920）らは写実主義の全盛期に現われた作家である。バレラは、貴族の出身で、外交官で、数か国語に通じていただけに、その作品の随所に見られる数珠のような、端正で磨きのかかった散文は、真に調和のとれた文章の模範とも言われる。それゆえバレラは、世代最高の美文家と

して知られる。代表作『ペピータ・ヒメネス』は、若い未亡人で、自分の父の婚約者であるペピータの恋する一神学生の心理的葛藤を描いたものである。ペレダは、華麗なバレラとは逆に、素朴な郷土小説家である。思想的にもスペイン・カトリックの伝統に強い愛着を示し、言語的にも出身地（サンタンデール）の方言を多用するなど、（写実主義的な傾向は共通であるが）バレラの洗練された言葉づかいからはほど遠い。ペレダはあらゆる点で保守的であったが、言葉で情景を描くこの「画家」は、その描写技法においては世代きっての革新者であったとされる。すなわち代表作『岩山を登りて』に如実に見られる通り、彼の描く情景は、ロマン主義から完全に脱して、透徹した自然主義・写実主義のそれであった。

　ガルドスは、文字通り19世紀スペインの写実主義の頂点に立つ作家である。ペレダのよき友人であり、好敵手であったが、その抱く思想や関心はことごとに異なっていた。上述の通りペレダは保守的思想に愛着を持ち（むしろ凝り固まり）、一貫して田園を描き続けたが、ガルドスは、自由で柔軟な思想を持ち、おもに都会の人々を描いた。両者の人間性の評価云々は別として、できあがった作品を見る限り、ガルドスが質量両面において一歩も二歩も先んじていることを認めないわけにはいかない。彼は齢80を越える高齢まで活躍し、その間におびただしい数の小説、物語、戯曲を書いている。ペレダが（意図的な？）視野狭窄の「画家」であったとするなら、ガルドスは幅の広い柔軟な姿勢の「演出家」であったと言えよう。ガルドスの代表作は、幅広い思想を持つ技術者を死に至らしめる憎むべき人物を描いた『ペルフェクタ夫人』、夫婦間の宗教の相違の問題を設定した『グローリア』、盲人と野育ち娘との悲劇的な牧歌『マリアネーラ』、中産階級を背景にマドリードの日常生活に

おける出来事を力強い筆致で描いた『フォルトゥナタとハシンタ』、マドリードの貧乏人の生活を、感動的で恐ろしいまで克明に描いた『慈悲』、それに、トラファルガール以後のスペインの波乱に富んだ時代の歴史を小説に書いた『国民挿話』全46巻、などである。ガルドスがその時代の巨匠であったことや、世界的な作家であったことは万人の認めるところで、フランスの文学史家ジャン・カンも次のように言っている。「(ガルドスの作品は)小説という様式の発達以来この方の間に起こったあらゆる傾向の総合であり、帰着点であるという観がある。…ユーモアと楽観主義の交じり合った要素が、しばしば彼をディケンズと比較させることになる。…視野の広さによってバルザックを思い出させるが、一方彼のあらゆる作品に潜んでいる愛情についてはドストエフスキーを想起させる」と。

　パルド・バサン (Emilia Pardo Bazán, 1851-1921)、クラリン ("Clarín", Leopldo Alas, 1852-1902)、パラシオ・バルデス (Almando Palacio Valdés, 1853-1938) らは、自然主義と理想主義的反動の作家たちである。パルド・バサンは、スペインをして外国に目を開かせた第一の文学者で、思想上はトルストイに傾倒し、文学技法ではゾラの自然主義を取り込んで推奨した。しかし終局的には、「(スペイン写実主義は)それ自体すでに、物質と精神、大地と天とをそれ自身の併せ持っている」として自然主義から離脱する。彼女の代表作は、ガリシアの農村を舞台に、(伝統的な小説にみられる理想化された田園像に対して)本能のおもむくままに生活する原始的な人間像を描いた『ウリョーアの館』(及びその第二部『母なる自然』) であるが、そのほか、すでに解説の項でも引用したように、文学評論や批評的研究における業績を見逃すことはできない。

　クラリンの代表作は、腐敗と虚偽に満ちた地方都市を舞台とし

て、悲劇的結末をとげる不義の愛のテーマを描いた『裁判官夫人』である。この作品を書いた頃のクラリンは自然主義の熱烈な賛同者であったが、のちガルドスやパルド・バサンと同じように、結局離脱している。彼はいろいろな意味でパルド・バサンとよく似ており、クラリンのペンネームでの創作活動のほか、実名（レオポルド・アラース）では大学教授を務め、文芸評論を行った。当時の文芸評論家で彼をしのぐ者は一人もなく、その批評集の洞察力ははるかに時代より先んじていたという。彼の批評の厳しさと辛辣な風刺、及びその自由主義的な思想から、彼の中に「98年代の群像」の先触れを見る人もある。

　最後にパラシオ・バルデスについて、スペインの文学史家ホセ・ガルシア・ロペスは言う。「自然主義が物質主義的悲観主義の立場を強調したのに対し、パラシオ・バルデスは暖かいユーモアに支えられた楽観的な人生観を提示してくれる。」彼の主要作品は、二人の主人公の中にそれぞれ瞑想的な性格と実利的な性格の両極端を具体化してみせた『マルタとマリーア』、アンダルシア地方の色彩や独特の風俗描写を盛り込んだ楽しい物語『サン・スルピシオ尼』、産業化による環境破壊に対して農村の生活を擁護する『失われた村』などである。この最後の作品は今世紀に入ってから書かれたもので、内容的にも、いかにも今日的な問題を提起して興味深い。パラシオ・バルデスは、ブラスコ・イバニェス（次の『宿り汽車』の作者）らとともに、アラルコンに始まる19世紀のスペイン写実主義ないし自然主義の群像の、最後の1ページを飾った作家である。

（謝辞）逐一提示することはしませんでしたが、解説に当たり、幾冊かの辞典や百科事典、スペイン文学史に関する著書・訳書などを参照させていただきました。記して感謝申しあげます。

El parásito del tren
『宿り汽車』(無賃乗客)

—Sí— dijo el amigo Pérez a sus compañeros—; en este periódico acabo de leer la noticia de su muerte[1]. Sólo le vi una vez, y sin embargo le he recordado en muchas ocasiones.[2] ¡Pobre hombre![3]

Le conocí una noche viniendo a Madrid en el tren de Valencia.[4] Iba yo en coche de primera. En Albacete bajó el único viajero que me acompañaba, y como yo había dormido mal la noche anterior, sentí gran alegría al ver que quedaba solo y que podía ahora estirarme en el asiento[5].

「そうなんです…」と友人ペレスはその仲間たちに言った。「この新聞で彼の死を伝えるニュースを読んだところです。彼にはたった一度会っただけなんですが、それにもかかわらず、事あるごとに思い出すんです。かわいそうなやつ！」

ある夜、バレンシア発の列車でマドリードへ来るとき、彼に会いまし

宿り汽車

por Vicente Blasco Ibáñez
ビセンテ・ブラスコ・イバニェス　作

1) **acabo de leer la noticia de su muerte**：「彼の死亡のニュースを読んだところです」。**acabar de** + 不定詞で「…したばかりである」。
2) **Sólo le vi una vez, y sin embargo le he recordado en muchas ocasiones.**：「彼にはたった一度会っただけですが、それにもかかわらずいろいろな機会に思い出します」。スペインでは、「あなた（男）を、彼を」という時、**lo**でなく**le**を用いるのが普通（= **leísmo**）。
3) **¡Pobre hombre!**：「かわいそうな男！」形容詞**pobre**は通常の位置（名詞の後）では「貧乏な」、名詞の前では「哀れな」。別の形容詞の例：**amigo viejo**「年老いた友人」− **viejo amigo**「旧友」、**casa nueva**「新しい家」− **nueva casa**「今度の家」。
4) **Le conocí una noche viniendo a Madrid en el tren de Valencia.**：「バレンシア発の列車でマドリードへ来るときに彼と知り合った」（分詞構文）。分詞構文は接続詞を使って書き換えることができる：**viniendo a Madrid = cuando vine a Madrid**。なお、バレンシアはスペイン東部、地中海に面した大都市。アルバセテはそこから150kmほど西にある中都市（**p.74** ＊印参照）。
5) **al ver que quedaba solo y que podía ahora estirarme en el asiento...**：「一人だけになって、今や座席に身体を伸ばせることを知って…」。**al** + 不定詞で「〜する時、〜する際」。なお、**solo**は形容詞。別の例：**Ella vive sola.**「彼女は一人で住んでいる」。これに対して副詞の場合は**sólo**と綴る（上記注2参照）。

た。私は一等車に乗っていました。アルバセテで、私と相席だった唯一人の乗客が降りました。それで、私は前の晩よく眠っていなかったので、私一人になったことと、今や座席いっぱいに身体を伸ばせることを知って、大いにうれしく思ったものです。

El parásito del tren

Cubrí la lámpara con mi pañuelo para que la luz no me moslestara[1], me tendí de espaldas, estirando las piernas cuanto pude[2], y me dispuse a dormir durante todo el viaje[3].

El tren iba a toda velocidad atravesando los campos de la Mancha, áridos y desiertos; gemía y temblaba como una vieja diligencia. Temblaban los cristales de las ventanillas, saltaban las maletas puestas en la red[4], chirriaban las ruedas en los rieles... pero a pesar de todo el ruido me dormí[5].

Una fuerte impresión de frescura volvió a despertarme sin embargo. Sentí en la cara como un golpe de agua fría. Al abrir los ojos vi el departamento solo; la portezuela de enfrente estaba cerrada. Pero sentí de nuevo[6] el viento frío de la noche, y al levantarme vi que la otra portezuela, la que estaba detrás de mi cabeza, estaba completamente abierta[7], y que había un hombre sentado en el umbral[8], mirándome con ojos que brillaban[9] mucho en su cara obscura.

光が邪魔にならないようにハンカチでランプを覆い、仰向けに寝転んで、足をできるだけ伸ばし、旅の間じゅう眠ろうとしました。

列車は全速力で乾いて荒涼としたマンチャの平原を横切って走っていました。古ぼけた乗合馬車のようにうなり、揺れていました。窓ガラスが揺れ、網棚の上においた旅行カバンが踊り、レールの上の車輪が軋んでいました。…しかし、あらゆる雑音にもかかわらず私は眠り込みました。

宿り汽車

1) **para que la luz no me moslestara**:「光が邪魔にならないように」。molestaraは、molestar「わずらわせる」の接続法過去3人称単数形。接続詞 **para que**「〜するために」は、目的を表すので従属節中に接続法を要求する。
2) **estirando las piernas cuanto pude**:「できるだけ足を伸ばして」。estirandoは、estirar「伸ばす」の現在分詞。cuantoは「〜する限り」。pudeはpoder「〜できる」の直説法点過去1人称単数形。
3) **me dispuse a dormir durante todo el viaje**:「私は旅の間じゅう眠ろうとした」。me dispuseは、disponerse「〜しようとする」の直説法点過去1人称単数形。
4) **las maletas puestas en la red**:「網棚の上においた旅行カバン」。puestasは、poner「置く」の過去分詞女性複数形。
5) **a pesar de todo el ruido me dormí**:「あらゆる雑音にもかかわらず私は眠り込みました」。me dormíは、dormirse「眠り込む」(行為の積極性を表す再帰動詞)の直説法点過去1人称単数形。
6) **de nuevo**:「新たに、再び」。de + 形容詞で、様態の副詞 -mente と同じ意味の副詞句になる(de nuevo = nuevamente)。
7) **la otra portezuela, la que estaba detrás de mi cabeza, estaba completamente abierta**:「私の頭の後ろにある、別の入口が完全に開いていた」。la que は関係詞で、カンマを介して先行詞を説明する。先行詞と関係詞の間が離れる(カンマや別の語が介在する)と、しばしば関係詞queに定冠詞をつける。その際定冠詞は先行詞(この場合はportezuela)に性数を一致させる。
8) **que había un hombre sentado en**〜:「一人の男が〜の上に座っている(のが見えた)」。この節全体が2行上のviの目的節。
9) **mirándome con ojos que brillaban**:「輝く目で私を見つめながら」。mirándome は、mirar「見る」の現在分詞 + me「私を」。

しかしながら強い寒さを感じて私は再び目を覚ましました。顔に冷たい水がぶつかるような感じがしたのです。目を開けてみると車室が見えるだけでした。正面の通路口は閉まっていました。しかしまた新たに夜の寒い風を感じて起きあがってみると、私の頭の後ろの別の通路口が完全に開いていて、一人の男が敷居の上に座り、黒い顔の中にやけに輝く目で私を見ているのが目に入ったのです。

El parásito del tren

La sorpresa no me dejaba pensar. Estaba confundido y aún medio dormido. En el primer momento sentí cierto terror supersticioso. Aquel hombre que se aparecía allí yendo el tren a toda velociadad[1] no podía ser un pasajero. Recordé al instante los robos y los asesinatos de que había leído[2], y pensé que estaba solo, y sin un timbre para llamar a los demás. Aquel hombre era seguramente un ladrón.

El instinto de defensa me dio valor. Me arrojé sobre el desconocido[3], luché con él, con el objeto de arrojarlo a la vía. Todas las ventajas estaban de mi parte.

— ¡Por Dios, señorito! — gimió por fin con voz triste[4] —. ¡Señorito, déjeme usted! Soy un hombre de bien.[5]

Había tal expresión de humildad y angustia en sus palabras, que sentí vergüenza y le solté.[6] Se sentó otra vez en el umbral de la portezuela, mientras yo quedaba en pie, bajo la lámpara, a la cual ya yo había quitado el pañuelo[7]. Entonces pude verle.

　私は驚きで考えることができませんでした。もうろうとしてまだ半分眠っていました。最初の瞬間私はある迷信的な恐怖を覚えました。汽車が全速力で走っている時、そんなところに現われる男が乗客であろうはずがありませんでした。とっさにかつて読んだことのある強盗と殺人者のことを思い出しました。そして私は一人でおり、人を呼ぶベルもないことを考えました。その男は確かに泥棒だったのです。
　防衛の本能が私を奮い立たせました。私はその見知らぬ男を線路にたたき出す目的で彼にとびかかり、彼ともみあいました。すべて私の方が

宿り汽車

1) **yendo el tren a toda velociadad**：「汽車が全速力で走っている時に」（分詞構文）。**yendo**は**ir**「行く」の現在分詞。
2) **de que había leído**：「かつて読んだことのある（泥棒と殺人者）」。
3) **Me arrojé sobre el desconocido**：「私はその見知らぬ男にとびかかった」。**me arrojé**は、**arrojarse**「とびかかる」の直説法点過去1人称単数形。**desconocido**は、**desconocer**「知らない」の過去分詞名詞。別の例：**emplear**「雇う」→**empleado**「被雇用者」。
4) **— ¡Por Dios, señorito! — gimió por fin con voz triste.**：「『お願いです、若だんな！』とついに彼は悲しそうな声で叫んだ。」**por Dios**は、**por favor**よりも懇願の度合いが強い。**gimió**は、**gemir**「うめく」の直説法点過去3人称単数形（語根母音変化動詞）。
5) **déjeme usted**：「私を放して下さい」。**déjeme**は、**dejar**「放す」の接続法現在3人称単数形＋**me**「私を」。**hombre de bien**「善良な男」。
6) **Había tal expresión de humildad y angustia en sus palabras, que sentí vergüenza y le solté.**：「彼の言葉には謙遜と苦悩の表情が満ちていたので、私は恥を感じて彼を放しました」。**tal**＋名詞＋**que**…で、「それほどの～なので…する」。cf. **tan**＋形容詞・副詞＋**que**…「あまりに～なので…する」。
7) **a la cual ya yo había quitado el pañuelo**：「私はそれ（ランプ）からすでにハンカチを取り外しておいた」。**a la cual**「それ（ランプ）から」。**cual**は関係代名詞（先行詞は**lámpara**）、**a**はこの場合「～から」の意。**había quitado**は、**había quitar**「取り去る」の直説法過去完了3人称単数形（過去の一時点よりも前に完了していたことを表す）。

有利でした。

「おねげえです、若だんな！」とついに彼は悲しそうな声で叫びました。「若だんな、あっしを放してくだせえ！ あっしは怪しい者ではありません。」

その言葉には謙遜と苦悩の表情が満ちていましたので、私は恥ずかしく思い、彼を放しました。彼は再び通路口の敷居の上に座りました。一方、私はすでにハンカチを取り外したランプの下に立っていました。それで彼がよく見えました。

El parásito del tren

Era un pobre diablo[1], cuyo vestido consistía en una chaqueta rota, pantalones azules y una gorra chocolate que casi se confundía con el color de su rostro. Me miraba como un perro a quien uno ha salvado la vida[2], mientras sus obscuras manos parecían buscar algo en los bolsillos. Esto casi me hizo arrepentir de mi generosidad, y mientras él buscaba, yo ponía la mano sobre mi revólver. ¡Si creía cogerme...![3]

Al fin sacó algo de un bolsillo, y yo le imité sacando mi revólver.[4] Pero lo que él había sacado no era arma sino un viejo billete de tren[5], el que me mostró con satisfacción[6].

— Yo también llevo billete, señorito.

彼は哀れな醜男で、その衣服ときたら、破れた上着、青いズボン、それと顔の色と間違えそうなチョコレート色の帽子でした。彼は命を助けられた犬のように私を見ていましたが、一方その薄黒い手はポケットの中で何かを探しているようでした。それを見て私はおよそ自分の寛大さを後悔しました。それで、彼が探している間私も彼をまねて連発銃の上に手を置いていました。もしも彼が私を捕まえるつもりだとしたらそのときは…！

ついに彼はポケットから何かを取り出しましたので、私も彼をまねて連発銃を取り出しました。しかし、彼の取り出したものは武器でなく一枚の古い切符で、それを満足そうに私に見せたのです。

「あっしだって切符を持ってまさあ、若だんな。」

宿り汽車

1) **un pobre diablo**：「あわれな奴」。
2) **como un perro a quien uno ha salvado la vida**：「命を助けられた（人が助けた）犬のように」。**a quien** は、英語の **whom** に当たる関係代名詞（先行詞は通常人間のみ）。
3) **¡Si creía cogerme...!**：「もしも彼が私を捕まえるつもりだとしたら…！」。…（連続点）は絶句を表すが、あえてこれを補えば、**yo le dispararía el revólver**「私も彼を銃で奴を打つぞ」。
4) **y yo le imité sacando mi revólver**：「私も彼をまねて銃を取り出しました」（分詞構文）。**sacando...** は、**y saqué...** とも言えるところだが、**y...y...** と続く冗長を避けるための修辞的分詞構文。
5) **lo que él había sacado no era arma sino un viejo billete de tren**：「彼が取り出したのは武器ではなくて古びた切符だった」。**no ～ sino** …は「～でなく…である」（英. **not～but**…）。なお、スペインでは、**billete** は「お札」と「切符」の両義に用いられるので、混同を避けるために **de tren**「汽車用の」が添えられている。（ラテンアメリカでは、**billete**「お札」、**boleto**「切符」）。
6) **el que me mostró con satisfacción**：「それ（切符）を満足そうに私に見せた」。**el que** は関係代名詞で、先行詞は **billete**。このように関係詞から先行詞が離れると関係詞 **que** に定冠詞をつける。その際、性数を先行詞に一致させることに注意（**p.53** 注 **7** 参照）。

El parásito del tren

Lo miré y no pude menos de reir.¹⁾

— ¡Pero este billete no vale; es antiguo! —le dije—. ¿Y con esto te crees autorizado para asaltar el tren y asustar a los viajeros?²⁾

Al ver su engaño descubierto, se puso triste, creyendo sin duda que esta vez yo le arrojaría a la vía.³⁾ Sentí compasión y quise mostrarme bondadoso y alegre⁴⁾, para ocultar los efectos de la sorpresa, que aún duraban en mí.

— Vamos, acaba de subir.⁵⁾ Cierra la portezuela y siéntate dentro⁶⁾.

—No, señorito—me dijo—. Yo no tengo derecho a sentarme en el compartimiento como usted. Aquí, y gracias, pues no tengo dinero.⁷⁾

私はそれを見て、笑わざるを得ませんでした。
「だけど、その切符は役に立たないよ。古いのだから！」と私は言いました。「君はこんなもので列車に襲いかかってきて、乗客を驚かしてもいいと思っているのかね？」
彼は自分の偽りが見破られたのを知ると、今度こそ線路に投げ出されると思ってか、悲しそうな顔になりました。私は同情を感じ、心の中で

宿り汽車

1) **no pude menos de reir**：「私は笑わざるを得ませんでした」。**no poder menos de** + 不定詞で「〜せざるを得ない」。
2) **¿te crees autorizado para...?**：「(君は) …してもよいと思っているのか」。**creerse** ~ で「自分を〜と思う」、**autorizado**「許された」。
3a) **se puso triste, creyendo** ~：「彼は〜と思って悲しそうな顔になった」。**ponerse** ~ で、「(状態が) 〜になる」。／**3b)**「〜になる」の別の表現：**hacerse** ~「(職業などが) 〜になる」、**volverse** ~「(性質・気分などが) 〜になる」。**salir** ~「(結果が) 〜になる」。
4) **quise mostrarme** ~：「私は自分を〜に見せようとした」。**querer** + 不定詞は、①「〜したい」(英. **want to**) ②「〜する意志がある」(英. **will**)。この場合は用法②（**p.21**注**6**参照）。
5a) **Vamos, acaba de subir.**：「さあ、入った、入った」。**vamos**は、**ir**「行く」の直説法現在1人称複数形だが、間投詞として**¡Vamos!**「さあ！」と単独に用いたり、**Vamos a** + 不定詞「〜しましょう」と組動詞（動詞句）に用いて、それぞれ勧誘を表す。**acaba**は、**acabar**「完了する」の命令法現在2人称単数形。**acabar de** + 不定詞で、①「〜したばかりである」②「〜し終る」。この場合は用法②。／**5b)** かつては「〜してしまってあれ」を表す命令法現在完了形があったが、現在では用いられない。その代りとして、このような形式で「(早く) 入ってしまえ」を表現するわけである。このような表現方法を、**perifrasis**「迂言法」という。
6) **siéntate dentro**：「中に座りなさい」。**siéntate**は、**sentarse**「座る」の命令法（現在）2人称単数形。目的格代名詞（再帰代名詞を含む）が肯定命令の目的語になるとその末尾に結合することに注意。
7) **Aquí, y gracias, pues no tengo dinero.**：「ここで結構です、お金がないのですから」。**pues**は、「〜ので」と軽く理由を表す。

まだ続いていた驚きの色を隠すために、自分を優しく陽気に見せようとしました。

「さあ、入った、入った。入口を閉めて、中の方に座りなさい。」

「いいえ、若だんな。あっしはあなた様みてえに車室の中に座る権利なんかありません。ここでけっこうでござえます。お金がねえんですから。」

El parásito del tren

Yo estaba sentado junto a él, con mis rodillas puestas no lejos de su espalda[1]. El tren corría a toda velocidad y el viento frío del invierno entraba en el departamento como un huracán. Los postes telegráficos al pasar parecían líneas blancas sobre el fondo negro de la noche.[2] De vez en cuando brillaban, cual enormes luciérnagas[3], los carbones encendidos que arrojaba la locomotora. El pobre hombre estaba intranquilo, dudando que le dejara permanecer en aquel sitio[4]. Pero poco a poco fue perdiendo el miedo[5] y después que le di un cigarro empezó a hablar.

Todos los sábados hacía el viaje del mismo modo. Esperaba el tren a su salida de Albacete saltaba a una portezuela, con peligro de muerte; y examinaba desde fuera todos los vagones buscando un departamento vacío. En las estaciones bajaba poco antes de la llegada y volvía a subir después de la salida[6], cambiando siempre de sitio para no ser visto por los empleados y los otros enemigos de los pobres[7].

私は膝を彼の背中のほど近くに置いて、彼の隣りに座っていました。列車は全速力で走り、冬の冷たい風が、嵐のように車室の中に吹き込んできました。電柱が通過するとき、夜の暗闇の背景の上に、白線のように見えていました。時々、機関車の吐き出す燃える石炭が、無数の大ボタルのように光っていました。哀れな男は、その場にずっと居させてもらえることを疑って不安そうにしていました。それでも、少しずつ恐れの色が消えて行き、私がタバコを一本勧めてから、ぽつりぽつり話し始

宿り汽車

1) **con mis rodillas puestas no lejos de su espalda**：「膝を彼の背から遠からぬところに置いて」。**puestas** は **poner**「置く」の過去分詞 **puesto** の女性複数形（**rodillas** に一致）。
2) **Los postes telegráficos al pasar parecían líneas blancas.**：「電柱が通過するとき、白線のように見えていました」。**al** + 不定詞で「〜する時・する際」。
3) **De vez en cuando brillaban, cual enormes luciérnagas**：「時折、巨大なホタルのように輝いていました」。**de vez en cuando**「時に」。**cf. pocas veces**「めったに」、**algunas veces**「時々」、**a menudo**「しばしば」。上の語は **pocas veces** と **algunas veces** の中間くらい。
4) **dudando que le dejara permanecer en aquel sitio**：「その場にずっと居させてもらえることを疑って」。**dudando** は、**dudar**「疑う」の現在分詞。この動詞の「疑いの観念」が接続法を要求する。**dejara** は、**dejar**「（放任的に）〜させる」の接続法過去3人称単数形。**cf. hacer**「（強制的に）〜させる」。
5) **poco a poco fue perdiendo el miedo**：「少しずつ恐怖感が消えていった」。**fue** は、**ir**「行く」の直説法点過去3人称単数形。**perdiendo** は、**perder**「失う」の現在分詞。**ir** + 現在分詞「〜してゆく」。
6) **En las estaciones bajaba poco antes de la llegada y volvía a subir después de la salida**：「駅々で到着の少し前に降り、発車の後で再び乗るのでした」。**bajaba** は **bajar**「降りる」の直説法線過去3人称単数形、**volvía** は **volver**「戻る」の直説法線過去3人称単数形。**volver a** + 不定詞で「再び〜する」。なお、この場合の線過去は、それぞれ「過去における反復的行為」を表す。
7) **para no ser visto por los empleados y los otros enemigos de los pobres**：「鉄道員や他の貧乏人の敵に見つからないように」。**visto** は **ver**「見る」の過去分詞。**ser** + 過去分詞 + **por** で受動態。

めました。

　彼は毎土曜日、同じ方法で旅をしていたのでした。アルバセテで列車の出発を待ち、死の危険を冒して昇降口に飛び乗り、外側の通路からすべての客車を調べて空いている車室を探すのでした。各駅ごとに到着の少し前に飛び降り、発車の後で再び飛び乗って、鉄道員や他の貧乏人の敵に見つからないよう、いつも場所を変えるのでした。

El parásito del tren

—Pero, ¿adónde vas?—le pregunté—. ¿Por qué haces este viaje, poniendo tu vida en tal peligro[1)]?

Iba a pasar el domingo con su familia. ¡Cosas de pobres![2)] El trabajaba en Albacete y su mujer servía en un pueblo. El hambre los había separado.[3)] Al principio hacía el viaje a pie; toda una noche de marcha[4)], y cuando llegaba a la casa por la mañana caía en la cama sin fuerzas, sin ganas de hablar con su mujer ni de jugar con los chicos. Pero ahora era distinto; ya no tenía miedo, y hacía el viaje por tren. Ver a sus hijos le daba ánimo para trabajar con más afán toda la semana. Tenía tres; el pequeño no levantaba dos pies del suelo[5)], y sin embargo, le conocía, y al verle entrar le echaba los brazos al cuello.

—Pero, mira[6)]—le dije—¿no piensas que en cualquiera de estos viajes[7)] tus hijos van a quedarse sin padre?

「だけど、どこへ行くのかね？」と私はたずねました。「どうして命をそんな危険にさらしてまで、こんな旅をするのかね？」

彼は日曜日に家族と一緒に過ごそうとしているのでした。貧乏人にはよくあることです！　彼はアルバセテで働いており、細君はある町で手伝いをしていました。飢えが彼らを引き裂いたのです。初めは歩いて旅をしました。一晩中歩き通しで、朝方家に着いたときには、妻と話したり子供たちと遊んだりする意欲もなく、力なくベッドに倒れ込んでしまうのでした。

宿り汽車

1) **poniendo tu vida en tal peligro**：「命をそんな危険にさらして」（分詞構文）。**poniendo**は、**poner**「置く」の現在分詞。
2) **¡Cosas de pobres!**：「貧乏人にはよくあることです！」
3a) **El hambre los había separado.**：「飢えが彼らを引き裂いたのです」。**había separado**は、**separar**「引き裂く」の直説法過去完了3人称単数形。過去完了は、過去の一時点より前に完了していることを示す。／3b) **hambre**「飢え」は女性名詞。アクセントのかかる**a-, ha-**で始まる女性名詞に定冠詞をつける場合は臨時に**la**でなく**el**を用いる（複数形や不定冠詞の場合はどちらでもよい）。
4a) **Al principio hacía el viaje a pie; toda una noche de marcha ~**：「初めは歩いて旅をしていました。一晩中歩き通しで〜」。**a pie**「徒歩で」（= **andando**）。／4b) セミコロン（;）は、カンマ（,）とピリオド（.）の中間くらいの区切りを示すが、日本語に訳すときは句点（。）を充当することが多い。
5) **el pequeño no levantaba dos pies del suelo**：「幼い子はまだ立って歩くことができなかった」。**levantaba**は、**levantar**「持ち上げる」の直説法線過去3人称単数形。「地面から両足を持ち上げない」とは、「立って歩けない」。
6) **Pero, mira**：「だけどねえ、君」。**mira**は、**mirar**「見る」の命令法2人称単数形。間投詞として「呼びかけ」や「呼び止め」にも用いられる。
7) **en cualquiera de estos viajes~**：「これらの旅のいずれかにおいて〜」とは、「こんな旅をしているとそのうちに〜」。

しかし今は違います。もう恐れてはいません。そして列車で旅をしています。息子たちに会うと、一週間中ますます熱心に働く力が湧いて来るのでした。息子は3人いました。一番小さい子は、まだ立って歩くこともできないのですが、それでも彼のことが分かり、彼が入って来るのを見ると、彼に飛びついて首に腕を回すのでした。

　「だけどねえ」と私は言いました。「こんな旅をしていると、そのうちにあんたの息子たちが父なし子になってしまうとは思わないかね？」

El parásito del tren

El sonreía lleno de la confianza de quien sabe bien su "negocio".[1)] **El tren no le asustaba. Era ágil y sereno; un salto, y arriba**[2)]**; y en cuanto a bajar, podría recibir algunos golpes, pero lo importante era no caer bajo las ruedas**[3)]**. No, no le asustaba el tren, sino los que iban dentro**[4)]**. Buscaba los coches de primera, porque en ellos encontraba departamentos vacíos. ¡Qué de aventuras!**[5)] **Una vez entró sin saberlo en un departamento de señoras; dos que iban dentro**[6)] **gritaron: "¡Ladrones!", y él, asustado, se arrojó del tren**[7)] **y tuvo que hacer a pie el resto del viaje.**

彼は、自分の『仕事』をよく心得ている人の持つ自信をみなぎらせながら、笑っていました。彼は列車にびくつくようなことはありません。敏捷にして沈着、一跳びで乗車する。下車の際には打撲を受けることもあり得ましたが、しかし気をつけるべきは、車輪の下に落ちないということだけでした。そう、彼が恐れるのは列車ではなく、中に乗っている

宿り汽車

1) **El sonreía lleno de la confianza de quien sabe bien su "negocio".**:「彼は自分の『仕事』をよく心得ている人の持つ自信をみなぎらせながら笑っていました」。**sonreía**は、**sonreír**「微笑む」の直説法線過去3人称単数形。接頭辞**son-**「少し、かすかに」+ **reír**「笑う」で合成。**lleno de~**「~でいっぱいの」。**quien**は独立用法の関係代名詞（英．the one who, p.73注5参照）。
2) **Era ágil y sereno; un salto, y arriba**:「敏捷にして沈着、一跳びで乗車（する）」。（後半部、**subir**「乗り込む」などの動詞が意図的に省略されている。「軽快な身のこなし」のさまを彷彿させる）。
3) **lo importante era no caer bajo las ruedas**:「大事なことは、車輪の下に落ちないということであった」。中性定冠詞**lo** + 形容詞で「~なこと・もの」：**lo bueno**「よいこと・よいもの」。
4) **no le asustaba el tren, sino los que iban dentro**:「彼が恐れるのは列車ではなく、中に乗っている人たちでした」。**no~sino**…で「~でなく…である」。**los que~**「~ところの人たち」（英．those who）。
5) **¡Qué de aventuras!**:「何とたくさんの冒険！」。
6) **dos que iban dentro**:「中に乗っていた二人（の婦人）」。
7) **él, asustado, se arrojó del tren y tuvo que hacer a pie el resto del viaje**:「彼は、驚いて列車から飛び下り、旅の残りを歩かなければなりませんでした」。**asustado**は、**asustarse**「驚く」の過去分詞。再帰動詞の過去分詞は再帰代名詞を失う（完了時制をつくる場合を除く）。**tuvo**は、**tener**「持つ」の直説法点過去3人称単数形。**tener que** + 不定詞で「~しなければならない」。

人たちでした。彼は一等車を探すのでした。その中にはよく空いている車室が見つかるから。

　何とたくさんの冒険、冒険だらけ！　あるとき、知らずに婦人の車室に入ったのです。中に乗っていた二人が叫びました。「どろぼう！」。彼は、驚いて列車から飛び下り、旅の残りを歩かなければなりませんでした。

El parásito del tren

Dos veces había estado próximo, como aquella noche, a ser arrojado a la vía por los que despertaban asustados por su presencia.[1]

Buscando en otra ocasión un departamento obscuro, tropezó con un viajero[2] **que, sin decir palabra, le dio tal golpe que al caer fuera del tren creyó morir**[3]**. Sí, le trataban mal, pero él no se quejaba**[4]**. Aquellos señores tenían razón para asustarse y defenderse. Comprendía que merecía aquello y algo más; pero ¡qué remedio, si no tenía dinero y deseaba ver a sus hijos!**[5]

El tren iba limitando su marcha, como si se aproximara a una estación.[6] **El, alarmado, se levantó.**

—Quédate—le dije—; aún falta otra estación para llegar a tu pueblo[7]**. Te pagaré el billete.**

その夜のように、彼の出現に驚いて目を覚ました人から、すんでのところで線路に投げ出されそうになったことが二回ほどありました。また別の機会には、暗い車室を探していると、ある乗客と鉢合わせになってしまったのです。その人はものも言わずに激しく殴りかかってきたので、車外に放り出されて落ちるときに、死を覚悟したほどでした。そう、ひどい扱いをされました。けれども、彼は不平を言いません。そういう人たちは、驚かされて、自分を守るためにやむを得ずそうしたのですから。

宿り汽車

1) **había estado próximo...a ser arrojado a la vía**：「すんでのところで…線路に投げ出されそうになった」。**estar próximo a** + 不定詞「ほとんど～するところである」。
2) **Buscando...un departamento obscuro, tropezó con un viajero**：「暗い車室…を探していて、一人の乗客と鉢合わせになった」。
3) **le dio tal golpe que al caer fuera del tren creyó morir**：「(彼は)激しく殴られたので、車外に落ちるとき死ぬかと思った」。**tal (tan・tanto) ~ que...**で、「あまり～なので…する」(**p.55**注**6**参照)。
4) **le trataban mal, pero él no se quejaba**「ひどい扱いをされた(人が扱った)が、彼は不平を言わなかった」。
5) **¡qué remedio, si ~ !**：「～としたら、どんな方法が(あるというのか)！」。**remedio**の後に、動詞**habría**または**tendría**(それぞれ**haber**「ある」、**tener**「持つ」の直説法過去未来3人称単数形)が省略されている。
6) **El tren iba limitando su marcha, como si se aproximara a una estación.**：「列車は駅に近づいたかのように速度を落として行った」。**se aproximara**は**aproximarse**「近づく」の接続法過去3人称単数形。**como si** + 接続法過去「あたかも～であるように」(英. **as if**)。**iba limitando su marcha, como (iría limitando) si se aproximara a una estación**「駅に近づけば(落とすであろう)ように、速度を落として行った」と補ってみれば分かりやすい。
7) **aún falta otra estación para llegar a tu pueblo**：「君の村に着くにはまだひと駅ある」。**falta**は、**faltar**「足りない、欠ける」の直説法現在3人称単数形。主語は**otra estación**「もう1つの駅」。訳文「まだひと駅ある」と矛盾するようだが、「君の村」の駅に着いた状態から見て「もう1つの駅」が「足りない」のである。

そうされても、いや、それ以上のことをされても、それに値することをちゃんと心得ていました。しかし、金がなく、しかも息子たちに会いたいのだとしたら、ほかにどんな方法があると言うのでしょうか！

　列車は、駅に近づいたかのように、速度を落として行きました。彼はびっくりして立ち上がりました。

　「ここに居なさい」と私は言いました。「君の村に着くまでにはまだひと駅あるよ。切符は私が払ってあげよう。」

El parásito del tren

—No, señorito—respondió—. El empleado, al dar el billete, se fijaría en mí.[1] Muchas veces me han perseguido, sin conseguir verme de cerca, y no quiero que me tomen la descripción[2]. ¡Feliz viaje, señorito! Es usted la persona más bondadosa del mundo[3].

En un segundo dio un salto y se perdió en la oscuridad, buscando sin duda otro sitio donde continuar el viaje tranquilamente[4]…

Paramos en una estación pequeña y silenciosa. Iba tenderme otra vez para dormir, cuando oí voces. Eran los empleados, los mozos de la estación y cuatro guardias que corrían en distintas direcciones, como persiguiendo a alguien[5].

—¡Por aquí!…¡Cortadle el paso![6]…Dos por el otro lado para que no se escape.[7]… Ahora ha subido sobre el tren… ¡Seguidle![8]

「いいえ、若だんな」彼は答えた。「鉄道員が切符を渡すときあっしをじいっと見るでしょう。あっしは何度も追われているんです。けど近くから見られたことはありませんでした。人相書を取られたくねえんです。若だんな、ええ旅をなさいまし！ お前様は世界中でいっと優しいお方です。」

彼は一瞬にして飛び上がり、暗闇の中へと消えて行きました。もちろん、安らかに旅を続けられる場所を探して…。

私たちは小さい静かな駅に止まりました。私はまた眠るために身体を伸ばそうとしていましたが、そのときに声が聞こえて来ました。鉄道員と駅の赤帽と4人の警備員たちでしたが、彼らは誰かを追いかけるよう

宿り汽車

1) **El empleado, al dar el billete, se fijaría en mí.**:「鉄道員が、切符を渡すとき、私をじっと見るでしょう」（推量文）。**se fijaría**は、**fijarse**「注目する」の直説法過去未来3人称単数形。
2) **no quiero que me tomen la descripción**:「私は人相書を取られたくない（人が取ることを望まない）のです」。**querer**「欲する」は願望を表すので従属節中に接続法を要求する。
3) **la persona más bondadosa del mundo**:「世界で一番優しい人」。定冠詞+**más~de**…は、「…のうちで最も～な」（優等最上級）。
4) **buscando otro sitio donde continuar el viaje**:「旅を続けられる他の場所を探して」。関係詞+不定詞で、「～すべき」。
5) **como persiguiendo a alguien**:「誰かを追いかけているように」。**persiguiendo**は、**perseguir**「追跡する」の現在分詞。
6) **¡Cortadle el paso!**:「（彼の）道を塞げ！」。**cortadle**は、**cortar**「切る」の命令法2人称複数形+**le**「彼に（対して）」。
7) **Dos por el otro lado para que no se escape.**:「逃げられないように二人はそちらの方へ（行け）」。**se escape**は、**escaparse**「逃げる」の接続法3人称単数形。接続詞句**para que**「～するために」は目的を表すので接続法を要求する。
8a) **¡Seguidle!**:**seguir**「追う」の命令法2人称複数形+**le**「彼を」。「彼を追いかけろ！」。／8b) 肯定命令では動詞末尾に目的格人称代名詞が結合するが、否定命令では結合しない。**no le sigáis.**「彼を追いかけるな」。

に四方八方に走り回っていました。

「このへんだ！… 道をふさげ！… 逃げられないように二人はそっちの方だ…。今度は列車の上に登ったぞ…。追いかけろ！」

El parásito del tren

Y en efecto, al poco rato los vagones temblaban bajo el galope furioso de los guardias y empleados que corrían sobre el tren. Era, sin duda, el "amigo" a quien habían sorprendido, el cual viéndose perseguido se subió a lo más alto del tren[1].

Estaba yo fumando en ventanilla de la parte opuesta a la estación[2] cuando le vi saltar a tierra desde la techumbre de un vagón[3]. Cayó boca abajo, se arrastró algunos instantes, como si la violencia del golpe no le permitiera levantarse[4], y al fin se irguió y huyó a todo correr[5]. El jefe del tren corría y gritaba como un loco, pero los mozos se reían.

—¿Qué pasa?—pregunté a un empleado fingiendo no saber nada[6].

そして事実、少したつと列車の屋根の上で警備員や鉄道員たちが凄まじい足音を立てて駆けずり回り、その足元の車両が揺れ出しました。不意打ちを食らっているのは、疑いもなく、例の『友人』でした。彼は追われ追われて、列車のてっぺんに登ったのでした。

私は駅舎とは反対の窓側の席でタバコを吸っていましたが、そのとき、彼が車両の屋根から地面へ飛び下りるのが見えたのです。さかさまに落ち、激しく打って立ち上がることができないかのようにしばらくは這っていましたが、結局すくっと立ち上がって、全速力で逃げて行きました。汽車長*は気違いのように走り、叫んでいましたが、赤帽たちは笑って

宿り汽車

1) **el "amigo" a quien habían sorprendido, el cual viéndose perseguido se subió a lo más alto del tren**:「不意打ちを食ったのは例の『友人』で、彼は追われて列車のてっぺんに登ったのでした」。**a quien** も **el cual** も関係代名詞。先行詞は共通で **el "amigo"**（二重限定）。なお、関係詞と先行詞が離れるとよく **el que** が用いられるが、もっと離れると **el cual** が好まれる。

2a) **Estaba yo fumando en ventanilla de la parte opuesta a la estación**:「私は駅舎とは反対の窓側の席でタバコを吸っていました」。**ventanilla**「車窓」= **ventana**「窓」+ **illo**（示小辞）。／**2b)** 示小辞 **illo** はよく名詞に付加して造語に用いられる：**bolso**「バッグ」→**bolsillo**「ポケット」、**zapato**「靴」→**zapatilla**「スリッパ」。

3) **le vi saltar a tierra desde la techumbre de un vagón**:「彼が車両の屋根から地面へ飛び下りるのが見えた」。「知覚動詞＋目的語＋不定詞」で「〜が…するのを―する」（目的語が不定詞の意味上の主語）：**Oí cantar a Carmen.**「カルメンが歌うのを聞いた」。

4) **como si la violencia del golpe no le permitiera levantarse**:「衝突の激しさで立ち上がれないかのように」。**permitiera** は、**permitir**「許す」の接続法過去3人称単数形。

5) **se irguió y huyó a todo correr**:「すくっと立ち上がって、全速力で逃げて行きました」。**se irguió, huyó** はそれぞれ **erguirse**「突っ立つ」、**huir**「逃げる」の直説法点過去3人称単数形。

6) **fingiendo no saber nada**:「何も知らないふりをして」。**fingiendo** は、**fingir**「装う」の現在分詞。

いました。

「どうしたんですか？」私は何も知らないふりをして鉄道員に尋ねました。

＊国境をまたいで移動する乗り物は、いわば「動く独立国」である。したがって、その中で起こることすべてを判断し、裁定し、取り仕切る「最高責任者」が求めらる。その役を引き受ける存在が、船長や機長、それから汽車長なのである。

El parásito del tren

—Un tío que tiene la costumbre de viajar sin billete—contestó con énfasis—. Le conocimos hace tiempo[1]; es un parásito del tren, pero ya le cogeremos.

No volví a ver al pobre parásito. En el invierno muchas veces me he acordado del infeliz, imaginándole en las afueras de una estación[2], castigado por la lluvia y el viento frío[3]; esperando el tren que pasa para saltar dentro con la serenidad del valiente que toma una trinchera[4].

Ahora leo que en la vía férrea, cerca de Albacete, se ha encontrado el cadáver de un hombre hecho pedazos por el tren... Es él, el pobre parásito. No necesito saber más para creerlo; me lo dice el corazón. "Quien ama el peligro en él perece.[5]" Tal vez le faltó esa vez la destreza. Tal vez algún viajero, asustado por su aparición, fue menos cristiano que yo y le arrojó bajo las ruedas[6]. ¡La noche guardará siempre el secreto de su muerte!

「いつも切符を持たずにただ乗りをするおっさんですよ。」彼は語気を荒げて答えました。『以前から分かっているんです。＜宿り汽車＞ってやつですよ。でももうすぐ捕まえます。』

それから二度と哀れな＜宿り汽車＞に会うことはありませんでした。冬になると、私はその不幸な男のことをよく思い出すんです。駅の周辺で冷たい風雨に打たれながらも、前線で敵の塹壕を取る勇者にも似た冷静さをもって、列車に飛び乗るために、それが通りかかるのを待っているのかなあ、などと考えて…。

宿り汽車

1) **Le conocimos hace tiempo**:「我々は以前に彼を知った」とは「以前から分かっている」。「**hace** + 時の名詞」で「～前に」。
2) **imaginándole en las afueras de una estación**:「彼は駅の構外（にいるの）だろうと想像して」。**imaginándole**は、**imaginar**「想像する」の現在分詞 + **le**「彼を」。
3) **castigado por la lluvia y el viento frío**:「冷たい風雨にさいなまれて」。**castigado**は、**castigar**「苦しめる」の過去分詞。
4) **con la serenidad del valiente que toma una trinchera**:「（敵の）塹壕を取る勇者の持つ冷静さをもって」。
5) **Quien ama el peligro en él perece.**:「危険を愛する者は危険に死ぬ」。この場合の**quien**は、関係代名詞の独立用法（先行詞を含む用法）「～ところの人」。別の例:**A quien madruga Dios le ayuda.**「早起きする人を神は助ける（早起きは三文の徳）」。
6) **fue menos cristiano que yo**:「私より信仰心が少なかった」。**menos ～ que...**「…よりは～でない」（劣等比較級）。背後に「どちらも～であるが」という意味が隠れていることに注意:**Este reloj es menos caro que ése.**「（どちらも高いが）この時計の方がそれより高くない」。

　今私は、アルバセテの近くの線路の上で、汽車にひかれて粉々になった男の死体が見つかった、というのを読みました…。それはまさしく、彼、哀れな＜宿り汽車＞に相違ありません。それを信じるのに、これ以上知る必要はありません。心がそう言っています。
　『危険を愛する者は危険に死ぬ』。たぶんそのとき彼は、少しばかり手練が足りなかったのでしょう。おそらく、彼の出現に驚いた乗客が、私より少しばかり信仰心が低く、彼を車輪の下に投げつけたのでしょう。夜だけが、いつまでも彼の死の秘密を守ることでしょう！

El parásito del tren

—Desde que le conocí... —terminó diciendo el amigo Pérez—han pasado cuatro años.[1] En este tiempo he corrido mucho, y viendo cómo viaja la gente sin objeto[2], o por mero placer, más de una vez he pensado en el pobre parásito y en las ironías del destino[3].

「彼を知ってから…」と言って友人ペレスは話し終わりました。「4年たちました。その間に、私はずいぶんかけずり回りました。そして、人がいかに無目的に、あるいは単なる慰安のために旅行するかを見て、一再ならず、哀れな＜宿り汽車＞のことや、運命の皮肉について考えさせられたものです。」＊

＊この物語の冒頭に、「ある夜、バレンシア発の列車でマドリードへ来るとき、彼に会いました。私は一等車に乗っていました。アルバセテで、私と相席だった唯一人の乗客が降りました。云々…」とあります。訳者はかつて、このルートをそっくりそのままたどってみたことがあります。つまり、「バレンシア発の急行列車で、アルバセテを経由してマドリードへ」向かったのです。1990年春のことでした。ブラスコがこの作品を書いたのは1890年代ですので、ほぼ100年後ということになります。夜行列車の人気のなさや寂しさ、車室に一人でいることの不安感などは、当時とあまり変わらない雰囲気が感じられたという印象でした。

ところが、大きく異なることがありました。「列車は全速力で走り…電柱が

宿り汽車

1a) Desde que le conocí... —terminó diciendo el amigo Pérez—han pasado cuatro años.:「『彼を知ってから…』と言って友人ペレスは話し終った。『4年たちました』」。**han pasado**は、**pasar**「時が過ぎる」の直説法現在完了3人称複数形。この場合の現在完了は、「現在の直前に行われたこと」を表している。／**1b)** ダッシュ（—）の用法 ① 発話者の交代を示す（例えば**p.58**を参照）、②会話の部分と地の文を区別する（例えば本文を参照）。

2) viendo cómo viaja la gente sin objeto：「人がいかに無目的に旅行するかを見て」。**cómo**が疑問詞であることに注意。**cf. No sé cómo puedo expresar esta sensación.**「この感じをどう表現したらよいか分からない」。これに対して、**Me gusta como hablas.**「私は君の話し方が好きだ」の**como**は、関係詞であって、疑問詞ではない。

3) más de una vez he pensado en～：「一再ならず～について考えました」。**he pensado**は、**pensar**「考える」の直説法現在完了1人称単数形。この場合の現在完了は、過去に行われたことを「現在における結果」として述べている。

通過する時、夜の暗闇の背景の上に、白線のように見えていました。時々、機関車の吐き出す燃える石炭が、無数の大ボタルのように光っていました…」。この後半部で言う風景に出会えなかったことです。残念ながら、車窓に「大ボタル」はいませんでした。そうです。お察しのとおり、電化によって蒸気機関車が消えたためです。電鉄のおかげで、旅はより快適になり、時間は短縮されました。それはそれでありがたいことですが、それによって必然的に何かが消えてゆくわけで、その失われたものへの郷愁は如何ともしがたいものがあります。バレンシアを出て2時間ほどでアルバセテ駅に停車しましたので、その時にあたりをよく見渡してみたのですが、蒸気機関車らしきものは一つも見当たりませんでした。この時ほど、幼年時代に2・3度乗ったことのある、あの「シュシュポッポ」をなつかしく思ったことはありませんでした。

　数分間の停車の後再びアルバセテを発車したわけですが、そのあたりで哀れな＜宿り汽車＞が出会ったであろう悲劇に思いを致して（友人ペレスともども）少々後ろめたいような気分を感じながらも、「単なる慰安のために」旅行できることに感謝しつつ、マドリードに到着したのでした。

解説
ビセンテ・ブラスコ・イバニェスについて

　ビセンテ・ブラスコ・イバニェス（Vicente Blasco Ibáñez, 1867-1928）は、19～20世紀スペインの代表的な自然主義作家。1867年バレンシアに生まれ、10代半ばで首都マドリードへ赴き、筆耕を務めながら小説技法を学ぶ。バレンシア選出の国会議員を6期務めるなど、小説家・政治家として波乱万丈に富んだ生涯を送り、1928年1月28日、逃亡・隠遁先のフランス・マントンにて没する。享年60歳。一般に、小説家としては「最後の自然主義者」と言われ、政治家としては「共和主義の擁護者にして推進者」と評されている。

経歴

　ビセンテ・ブラスコ・イバニェス（以下、単にブラスコ）は、1867年1月29日スペイン東部地中海に面したバレンシアに生まれ、地元バレンシア大学の法学部へ進んだが、その方面の研究にあまり魅力を感じなかったようで、中途で躊躇なくこれを放棄する。冒険心・反抗心に富む少年ブラスコは、その夢を満たすべく、花の都マドリードへと赴く。16歳のときであった。モーロ人を主題とした自作小説『ファティマ』("Fátima"、マホメットの娘）を引っ提げていた。（因みに、彼は14歳の頃から小説を書き始め、20歳代始めまでの間に、上掲書のほか『シューベルトへの訣別』・『黒蜘蛛』・『＜戦士＞ロメウ』・『スペイン革命史』など数本の短編を書いている。）

　都マドリードでは、いろいろな困難に遭遇しながらもこれに耐え、幸運にも、当時羽振りのよかった後期ロマン派の大衆作家フェルナンデス・イ・ゴンサレスにめぐりあうことができた。しかも特

別秘書としてその筆耕を勤めることになったので、仕事を通して小説技法を学ぶことができた青年ブラスコは、やがて同氏の代筆をすることも適うほどになった。事実、同氏の指示により、創作代行を務めることもよくあったらしい。弱冠20歳そこそこにしてすでに幽霊作家。明らかにブラスコは、非凡な創作能力を持ち合わせていたと言い得る。

*

　ブラスコは本来から進歩的思想の持ち主であったといわれるが、この頃からそれが具体的な形を現わし、「共和主義的色彩」を帯びてゆく。ただし、文学者・文学史家G・トレンテ・バジェステールの『現代スペイン文学展望』の中の皮肉な表現によれば、彼は「左翼主義的ブルジョアタイプ」の多血質に過ぎないという。そのあたりの判断は、今の筆者にはよく分からないので、ここではとりあえず据え置くことにする。ともかく、当時のスペインの政状は一見安定しているかに見えていたが、それは、実は国王アルフォンソ13世が、国際化や革命の攻勢に対抗して、軍と僧侶の支持の上にあぐらをかいていたからに過ぎなかった。また教会の権勢が強く、僧侶による宮廷や政治への介入は、彼の視点からすれば目に余るものがあると映っていたようである。ブラスコはしばしば、そのような、腐敗した政状や君主制、教権主義などを激しく批判・攻撃した。

　その頃、共和派のビジャカンパ将軍がクーデターに失敗して処刑されるという事件が起こったが、ブラスコ自身も政治的騒乱に巻き込まれて身に危険がせまり、一時フランスはパリへの逃亡を余儀なくされた（1889）。2年間の逃亡生活の後帰国するが、マドリードへは戻らずに、バルセロナに身を寄せ、『スペイン革命史』の執筆にとりかかった。（しかしこれは途中で行き詰まってしまったよう

で、完成の意志の有無不明のまま、本書はなぜか未完のままで刊行されている。)

*

　その後ブラスコは故郷のバレンシアに戻って、ジャーナリズムの仕事を始める。すなわち、そこに定期刊行物の発行拠点をつくり、新聞「エル・プエブロ（民衆）」の刊行に着手したのである(1901)。ということは、一言でいえば作家とジャーナリズムの兼業ということであるが、有り体にいうならば、思想とそれを公開するための手段を自前で用立てたという状況である。事実、『バレンシア物語』・『シューベルトへの訣別』・『黒蜘蛛』・『ノルマ嬢』・『スペイン革命史』・『死刑囚の女』など一連の短編が本紙を通じて世に出ていった。さらに彼は、本紙によりスペインの政状や既成政党に対して辛辣な煽動的攻撃を放ち続けるのである。反体制論を書き、ピ・イ・マルガルへの共和制支持を表明し、同時に、地域の討論集会で熱弁をふるい、あげくの果てに数々の訴訟を蒙り、度々投獄なども経験する（入獄回数は実に30回を上回る！）。加えてあるとき、すんでのところで、軍法会議にかけられ、銃殺隊の前へ引きずり出されそうになったが、危うく難を逃れるというような事件にも遭った。彼の所説は、一般大衆からは大いに賞賛されていたが、彼の中に、並々ならぬ情熱的かつ敵対的な闘志を予感し、自分にとって不利益の権化を見る保守的・世俗的政治家からはこの上なくうとんじられていたようなのである。

　ブラスコはまた、しばしば自らの政治的体験を語っている。ドラマチックな逃亡、特赦を期待してのフランスへの亡命、全バレンシア人民を揺すぶり、誘い込んだ大信仰、彼のペンを奮い立たせるもとになった不安と怒り、マドリードで政府に切り込んだときの彼の

言説と行動…。要するに彼は、ペンと舌をもって、常に激烈に、躍動し主張し、対立し、闘争していた。まさしく彼にとっては、"La pluma es la lengua del alma."(「ペンは魂の言語なり」)であった。

*

　対キューバ戦争に際して取った非愛国的な態度—キューバの自治を叫んで同志とともに闘った—のかどで、熱血青年ブラスコは1年間の獄中生活を余儀なくされたが、刑期を終えて釈放されたときには、すでに英雄的存在にまつり上げられていた。彼の考え方を強力に支持する新しい政治集団が出現し、彼を国会議員に推したのである。そこで1903年、連邦共和制の中に「ブラスキスタ」(ブラスコ党)を確立、ロドリゴ・ソリアノの「ソリアニスタ」と激しく争った。こうして彼は、バレンシア選出の国会議員に就任し、引き続き6期これを務めるが、その間常に、彼独自の闘争的政治姿勢を堅持し続け、君主制や教権主義に反対して血気盛んな論陣を張っていた。

　なお、この期間中ブラスコはバレンシア地方に取材した郷土文学をたくさん執筆している。高利貸しに苦しめられる農民を描いた『百姓屋』、貧しい漁民の生活を描いた『葦と泥』、死刑囚の微かな希望と裏切りと苦悩を描いた『死刑囚の女』、田園や都市や海と、そこに展開される情熱や官能を描いた『オレンジの木の間で』・『米とほろ馬車』・『五月の花』などで、いずれも自然主義の作風がみごとに生かされた作品であるという。この多作な作家の手になった作品(小説は約50編ある)のうち、文学的観点から見て最も優れているのは、おそらくこの郷土小説であろうとされる。「鮮やかな技法しかり、豊かな光や色彩性しかり、生き生きとした写実性しかり、深い情感と人間性しかり…すべてにおいて第一級の創作能力がこの作品群には満ちている。」

＊

　この時期の後半、つまり政治家と作家の二足わらじの時期に入ると、心なしか作風も若干変わってくる。上述の郷土小説はいずれも1902年までに書かれたものであるが、これ以後になると、僧侶やイエズス会に対する反逆を描いた『大伽藍』・『闖入者』、アナーキストや社会主義者を描いた『酒蔵』・『流れものの群れ』などのいわゆる社会小説が登場してくる。後二者には、あのバレンシアの群青色の明るい世界から生まれたとは想像しにくいまでの、深刻さと重量感があるという。特に『流れものの群れ』は、「ドストエフスキーの『貧しき人々』やゴーリキーの『零落者の群れ』を彷彿とさせるような重苦しさと問題意識が見られる」。

　ブラスコは、特にその作風に関しては、実に変貌の多い作家である。習作的短編から本格的短編へ、続いて郷土小説から社会小説へと変貌したのち、1906年頃からはさらに新しい傾向が現われる。すなわち『裸のマハ』・『血と砂』・『死者は命じる』・『ベナモールの月』などの、いわゆる心理小説である。これらの作品の中で最も際だっているのは、闘牛と闘牛師の物語を綴った『血と砂』である。スペインの庶民の日常生活を丹念に描写していることや、スペインの民族的行事たる闘牛に関する正確な観念を与えていることなどによって、「解剖小説」とも評されている。今日なお本書を愛読する若人が多く、また度々映画化されたりしていることなどから、「単なる大衆娯楽作品」と評する文学史家もいるようであるが、それは、結果として「娯楽性も兼ね備えている」だけのことであって、それによって本質的価値が低められてしまうようなものではないだろう、と思う。

＊

この頃の4年間、ブラスコはかつてなかったほどの、大きな変貌を見せた。すなわち、南米はアルゼンチンへ渡って、植民事業に乗り出したのである。なぜこのようなパウロ的なまでの変貌を見せたのであろうか？　その理由にはおそらく次のようなことがあると推測される。①この頃ブラスコは政治の仕事に疲れ、嫌悪感をもって議会を去ったこと。②ブラスコ自身が本来冒険好き・新しいもの好きな性分であったこと。③アルゼンチン政府から植民のための資金および土地（南部パタゴニア地区）の提供申出があったこと。④かつてブエノス・アイレスにおいて、ジョレス、クレマンソー、フェレーロ、アナトール・フランスなどについて講演をして、大いに喝采を博したこと。⑤新しい小説のネタを探したかったこと、など。
　そして事実ブラスコは、1909年遥かな大地へと赴いた。ただし、さし当ってはブエノス・アイレスでスペイン文学と芸術に関する講演をするという名目であった。彼の熱弁はまたまた人々をとりこにし、大喝采を博した。これに気を良くしたブラスコは、おもむろに植民事業に取りかかる。まずアルゼンチン政府の支援のもとに、ネグロ川左岸を切り開いて、入植者を誘致し、これを「セルバンテス［村］」と命名した。続いて、これをさらにコリエンテス州まで拡大して、「ヌエバ・バレンシア」と命名した。…と、そこまではよかったのだが…。
　肝心な資金が底をついてしまい、ブラスコは壊滅的な破産状態に陥ってしまったのである。かくして新天地を開くという遠大な計画は中途で挫折するが、しかし彼自身の失望感はそれほど深くなかったとも推測される。なぜなら、彼をそこへ駆り立てたのは必要性や義務感でなく、彼自身の「夢想」だったからである。ロマンティシズムを求める同時代の文学者たち（例えば、ベルレーヌや武者小路

実篤)がやったように。また、上で少し触れた通り、この計画は「ネタ集めのための一日体験事業」のようなものだったからである。事実ブラスコはこの体験の直後に『アルゴス号の乗組員たち』や『みなの大地』といった、ロマンティシズムあふれる「開拓者小説」をものにしている。アルゴス号(Argos)とは、ギリシャ神話でイアソン(Jáson)が金の羊毛皮を求めて航海した船で、ここではもちろん、「一獲千金を夢みて新大陸へ渡った人たち」のことを表している。

*

1913年、文学に専念する決心を固めて帰国したブラスコは、故あってパリに居を構えたのだが、くしくもそれと前後して勃発したヨーロッパ戦争(第一次世界大戦)と、もろに直面することになる。そこで彼は『ヨーロッパ戦争史』(＝第一次世界大戦ヨーロッパ戦線史)の執筆にとりかかる。文筆を通してスペインを鼓舞し、連合国側に参画すべくキャンペーンを開始したのであるが、結果が実らなかったであろうことは、同大戦の経過と結末を見れば明らかである。なお同書は全9巻あり、そのうちの第1～3巻のみがブラスコの執筆した部分である。

この大戦中にブラスコが世に出した小説は、『黙示録の四騎士』・『われらが海』・『女の敵』などの、その名も戦争小説のジャンルであった。これらのうち『黙示録の四騎士』は作者個人のみならず、スペインの名声を世界に知らしめた不朽の名作で、現代ヨーロッパ作家の中で最も広く愛読され、最も多くの言語に翻訳されている。1924年ニューヨークのRIL(国際書物誌)が、合衆国・イギリス・オーストラリア各国の読者に実施したアンケートによると、「好きな著者ベスト10」の第一位はH・G・ウェルズであり(ただ

し彼の小説でなく、その『歴史試論』のゆえに)、第2位がブラスコであった（もちろん上掲書のゆえに）。この頃ブラスコは「ヨーロッパ第一」の栄誉に浴したことと、その作品の大衆性とが相まって、しばしば出版社や映画会社などに請われ、自家用のヨットの帆を張って世界各地へと出かけて行ったようである。

*

　ところで、終戦後ブラスコはスペインへ帰国するが、その頃スペインに導入されていたいわゆる独裁制と、ブラスコの政治的信念とが相容れず、彼が終生愛したフランス・マントンへ亡命・蟄居して、文筆活動に専念する。専制君主とその取り巻き連に対する辛辣な批判と攻撃は、ときにフランス・スペイン両国の外交上の摩擦を引き起こすこともあったようである。ブラスコは人生のあらゆる段階と局面において、命を賭した闘争や論争に関わっており、絶えず精神の不安定や心の葛藤を覗かせている。そしてそれが、多かれ少なかれ彼の作品に影を落とし、その文学上の特徴と魅力の一要素ともなっている。社会小説や戦争小説には、それがかなり色濃く映っている。

　すでに述べた「開拓者小説」が空間的な旅の中で書かれたとすれば、マントン蟄居中に執筆された作品は、概して、時間的透視の旅の中で書かれている。この作品群は、二種類のジャンルに分けられる。すなわち、『宮廷の女ソニカ』・『海の法王』・『ビーナスに額づいて』・『偉大なる大帝ハーンを求めて』・『聖母の騎士』などの歴史小説グループと、『女たちの楽園』・『女王カラフィア』・『金の翼の幻影』などの冒険小説グループとである。

　これらの作品は、その取り扱うテーマからしても推測し得るが、ブラスコの作品中では、最も「非自然主義的」で、最も「ロマン主

義的」なものである。ただし、歴史小説、特にモンゴルに取材した『偉大なる大帝ハーンを求めて』や『聖母の騎士』などは、単なる空想小説ではなく、厳密な考証に基づいて書かれており、当時の生活がよく再現されている。なお、『宮廷の女ソニカ』は、郷土バレンシアに取材して書かれたものなので、郷土小説的な面と歴史小説的な面との二面を持っている。

作品群

　ここで、今まで述べて来たことをまとめてブラスコの全作品を分類する。彼の50編以上に及ぶ作品も、その主題ないし題材にしたがって整理すると、おおよそ次の9つのグループに分けることができる。

＊第1グループ…郷土小説
　1．『米とほろ馬車』（1894）
　2．『五月の花』（1895）
　3．『バレンシア物語』（1896）
　4．『百姓屋』（1898）
　5．『オレンジの木の間で』（1900）
　6．『死刑囚の女』（1900）
　7．『宮廷の女ソニカ』（1901）
　8．『葦と泥』（1902）

バレンシアの伝統の世界を彷彿とさせるという意味においては、最も優れた作品群。バレンシアの海・潟湖・田園・都市、その過去と現在とが、それらの作品群のページに生き生きと踊る。10年間の著作活動の成果がこれらの作品の中に結実している。一方、俗受

けを狙ったとも見られるような、感覚主義的・官能主義的な手法が所々に散見されるともされるが、ここは評価の分かれるところかも知れない。

＊第２グループ…社会小説
 1.『大伽藍』（1903）
 2.『闖入者』（1904）
 3.『酒蔵』（1905）
 4.『流れものの群れ』（1905）

作者自ら「イデオロギー小説」と呼んでいるように、いずれも社会主義のための闘士が現われてプロレタリアートを贖罪・救済するという共通の構図が見られる。（その闘士は、しばしば、モデル化されたブラスコ自身であることを思わせる。）芸術を政治の下位に位置づけてしまうことにより、作品中に焦点が結ばれていない。9つの作品群グループのうちで、最も「焦点のぼけた作品群」という観があるという。

＊第３グループ…心理小説
 1.『裸のマハ』（1906）
 2.『血と砂』（1908）
 3.『死者は命じる』（1909）
 4.『ベナモールの月』（1909）

ある説によれば、特に心理描写が優れているとは言い難いし、ところどころ力強い高貴な情熱と低劣な情熱とが入り交じったりしているし、また「その文体は時折極めて卑俗的である」（フローベル）という。しかし同時に、「自由闊達な想像力・暗示的表現力・光と色

彩の充溢・熱い血の通った人間を創造する力・共感を誘う力・全編にみなぎる命の輝き・追体験のしやすさとその際のカタルシス・一般的な心地よさへの関心、などを兼ね備えている」とも評価される。「大衆的娯楽作品」と称される所以かも知れない。なぜならそれは、評者の観点や好みで評価が大きく分かれる傾向が強いからである。

＊第4グループ…開拓小説
　1.『アルゴス号の乗組員たち』(1914)
　2.『みなの大地』(1922)
　第3グループの心理小説と共通の特徴を持ち、それにある種の「ロマンティシズム」が加わっていると考えればよい。ただしブラスコ自身の分類では、この両グループ（心理小説と開拓小説）は区分されていない。

＊第5グループ…戦争小説
　1.『黙示録の四騎士』(1916)
　2.『われらが海』(1918)
　3.『女の敵』(1919)
　このシリーズはブラスコの絶頂期に書かれたもので、想像力・構成力・表現力・躍動性など、彼の創作能力が遺憾なく発揮されており、また、それゆえに『黙示録の四騎士』などは多くの読者を得て、結果として莫大な富が作者にもたらされた。

＊第6グループ…歴史小説
　1.『宮廷の女ソニカ』(1901)
　2.『海の法王』(1925)

3.『ビーナスに額づいて』(1926)

4.『偉大なる大帝ハーンを求めて』(1928)

5.『聖母の騎士』(1929)

多くはスペインや世界の歴史に取材したもので、アクの強さや著者独自の傾向がなく、彼の創作能力が衰退期にあったことをうかがわせる作品群であるという。

＊第7グループ…冒険小説

1.『女たちの楽園』(1922)

2.『女王カラフィア』(1923)

3.『金の翼の幻影』(1930)

いずれもブラスコの晩年に執筆されたもので、『金の翼の幻影』は彼の遺作となった。第6グループの歴史小説と類似する特徴を備えている。この両グループの中には、特に傑作とうたわれたものはない。

＊第8グループ…短編小説

1.『小説集—愛と死をめぐって』

2.『シューベルトへの訣別』(1888)

3.『スペイン革命史』(1894)

4.『バレンシア物語集』(1896)

5.『死刑囚の女』(1900)

6.『女故人の貸金』(1921)

7.『コスタ・アスール小説集』(1927)

習作的なものと本格的なものとが混じっている。多くは、新聞「エル・プエブロ」に掲載されたものである。小説集や物語集の類

は、後年まとめて新聞などから再録し、編集し直されたものである。特に郷土の物語集は、色彩と幻想に満ちた、すばらしい作品がたくさん収録されている。なお、通し番号をつけたもののほか、『黒蜘蛛』・『空想怪奇集と伝説集』・『＜戦士＞ロメウ』・『ガルシ＝フェルナンデス公』・『祖国のために』・『共和国万歳！』などが挙げられる。ただし、これらはすべて生前に作者自らが自己の著作からはずし、廃棄したものである。したがって生前のブラスコはこれらの著書の再版を拒んでいたが、彼の死後1930年頃マドリードで再版され、いくつかの外国語にも翻訳された。

＊第9グループ…紀行文・旅行記

1．『芸術の国にて』（1896）
2．『オリエント』（1907）
3．『アルゼンチンとその大きさ』（1910）
4．『ある作家の世界一周』（1925）

いずれも楽しく、色彩豊かで、活気に満ちている。なお、ブラスコは1923年の暮れに日本を訪問しており、その時の印象が『ある作家の世界一周』に綴られている。

＊

このように分類整理してみると、各グループの配列位置の順番が、後年編集した短編集や一部の例外を除いて、ブラスコの全作品を執筆順に単純時系列上に配列した場合と驚くほどよく一致することが分かる。このことはすなわち、ブラスコが自然主義という大枠の中で、一定時間ごとに順次変貌を繰り返したことを示すものに他ならない。「自然主義作家ブラスコ」という名の「蝶」が、蛾や蜂とは常に一線を画しつつ、卵から幼虫へ、幼虫へからさなぎへ…と

いうように、脱皮と変態を繰り返しながら、活動を続けてきたことの結果である。そしてその蝶は、面白いことに、それぞれの時期に一回ずつ、ひときわ輝くときがあるのである。それを列記すれば、次のようである。

『バレンシア物語』（1896年、29歳のとき）
　→『葦と泥』（1902年、35歳のとき）
　　→『血と砂』（1908年、41歳のとき）
　　　→『黙示録の四騎士』（1916年、49歳のとき）
　　　　→『ある作家の世界一周』（1925年、54歳のとき）

個性
　フランスに生まれた自然主義は、スペインにおいてみごとに花開いた。すなわち、「スペインのゾラ」ことブラスコが、自然主義の継承と、その完成をなし遂げたのである。そしてそれは、ヨーロッパの他のどの地域にも劣らないものとして結実した。ところでブラスコは、19世紀が終わろうとしている時期に作家活動を始めたこと、そしてとりわけ、大部分の作品が20世紀初頭の20年ほどの間に集中していることに注目したい。この頃はすでに、小説における新しい形式や技法が生まれ、広がりを見せていた頃だからである。それにもかかわらず、ブラスコは新しい動きには目もくれず、デカダン的自然主義にどっぷりつかったまま、微動だにしようとしなかった。まさに彼が「最後の自然主義者」と言われる所以である。

　ブラスコは人間の「野獣性」に関して極めて深く掘り下げたと言われる。彼の関心は、人間の貧困や悲惨、社会の腐敗や堕落、モラルの欠落などに出会って、あらゆる醜悪さや不快さを排除すること

なく描く。ただし、彼自身は、その持ち前の「ベリスモ」（真実主義）に対して、十分な確信を持っていたかどうかは不明である。ブラスコは自然主義小説の巨匠であった。もし彼に決定的な作品が欠けるとすれば、―ある批評家は言う―それは、彼に「教養」がなかったからで、もっと重要なことは、彼がそれを修めようと望まなかったことである。その代わりに、素材としての言葉をふんだんに駆使したり、怪しい妖気をかもし出したりする才覚に恵まれて、いわば「修辞上の曲芸」によって、教養の不足や、自己抑制力ないし慎重さの欠落を補ったのだ、という。このあたりの事柄になると筆者にはよく分からない。確信をもって言えるのは、「ブラスコは自然主義小説の巨匠であった」というところまでである。というのも、上に見たように、「彼に決定的な作品が欠ける」と断定できるような論拠は何も持たないし、ましてや「彼に『教養』がなかった」などとは憶測すらできないからである。

*

　ブラスコは一般大衆に向けて書いた。要求をしない、あるいは自己の内面を表白することのない民衆のために書いた。そして、まさにそれが彼の皮相さ・浅薄さの要因ともなったのだとされている。しかし、同時に、おそらくまさにそこに、彼の成功の秘密があったとも言えるだろう。その証として、現代スペイン作家の作品のうち、ブラスコのそれは最も広く愛読され、かつヨーロッパ・アメリカ・アジアなどで最も多くの言語に翻訳されているのである。読者は各地域・各階層に広がり、殊にフランスではこの上ない人気を博した。（彼は「小説によって、彼が長年率いたプロメテオ出版社の編んだ社説と同じ手の、激越・煽動的な小説によって、両国間の絆の一大要素を担った」とされる。）

また、ブラスコの作品中、映画化されたり舞台化されたものもおびただしい数にのぼる。しかも、それらはすべて、少なくとも10か国語以上に翻訳されている。『全集』も各国語に翻訳され、ロシア語版などもある。なお、『葦と泥』や『血と砂』は日本語にも訳されている。(ところで蛇足ながら、単なる興味本位で付記すると、翻訳の際にブラスコの受け取った金額は、アメリカ合衆国の例で、一作品につきわずか千ドルであったという。)

＊

　ブラスコの膨大な作品群のうち、旅行記と郷土小説とは別格とされる。文学史家の言うことによれば、この地域周辺出身の作家、たとえばミロ、アソリン、サリーナスらは、おしなべてその作品中に極めて個性的な刻印を押す。すなわちそれは光と色彩との充溢であって、多くの場合そのような感傷的特性は、その地域の環境に起因している。オルテガの言うように、「私は、私と私の環境である」。ブラスコもその例外でなく、地中海的な調べが、彼のほとんど全作品に満ちあふれている。オレンジの香り、海の青、風景における色彩のコントラストなどが、彼の初期の小説にある種の詩的陰影を与えている。周囲の光輝く風景と感覚的な受容・配列の能力とによって、作品に強力で絵画的な視覚性が付与されるわけで、この点においてもブラスコは正真正銘の巨匠であったと言えるのではないだろうか。

　小説の形式や文体面に焦点をあてて詮議するとき、ブラスコはあまりよく言われないようである。例えば、彼は「節度」というものを知らなかったと言われる。彼の作品中では、しばしば「ナレーションと描写との間の均整がとれていない」とも指摘される。対話表現は彼の得意とするところではなかったようである。(『宿り汽車』にもその傾向が現われていると言えるかも知れない。) また、「修辞

法の間違い、言葉の並べ過ぎ、ゴテゴテのピカピカ…などにより、あるいはまた、大衆受けを狙った表現によって、例えば、論争場面などの対話が、時折『窒息』してしまっている」のだという。

　それはともあれ、大方に公認されている評価として言えることだが、ブラスコはピオ・バローハとともに19世紀スペイン小説界の巨峰であり、ペレス・ガルドスとともに自然主義作家の双璧である。ガルドスとブラスコとは、片や自然主義の最盛期を代表する作家で、片やその完成期を代表する作家であるが、両者とも非常な多作で、批判も多いが、総合すればやはり第一人者であることはゆるぎない。また両者ともエネルギッシュで好奇心旺盛、活動的で楽天家、ともにスペイン的で地中海的…、両者とも、スペインの国とスペインの人々をこよなく愛してやまない作家たちであった。

結び

　上で見たように、ブラスコは、自然主義を代表する地位の一角を占めること、非常な多作家で、名実ともに19世紀スペイン文学界の第一人者であることが明らかになった。また、外面から見る限り、エネルギッシュで活動的で楽天的な作家であったことも確かである。とはいえ、このことはブラスコの内面に、心の中に何も苦悩がなかった、などということを意味するものではない。

　ブラスコは、抗うことのできない自然への盲目的な信仰、手の届かないような超越的なものに抱く畏怖の念、死に対する苦悩等を、因習や迷信などまで動員して、彼を悩まし続けた心の空白の手当てをしようと努めた。ブラスコは、自分の書いた作品中のある人物について次のように語っている。「…彼は不信心者として過ごしていましたが、信仰心そのものを失っていたわけではありません。彼

は、その存在に確信の持てないときは、敢えて人知を越えた力、驚嘆すべき力を賞賛し、喝采するようにしていました。…神様、どうか彼を死なせないで下さい。彼に命を与えてやって下さい。…」と。そしてこの「彼」なる人物こそ、他ならぬ、もう一人のブラスコであった。いや、ブラスコそれ自身であったに違いない。

　そのときのブラスコの気持ちを推測すればこうもあっただろう。「寄らば大樹のかげ」よろしく神の裾野にくるまれて思考停止に陥るなどはまったくお呼びではない。しかし、さりとて神や自然を冒涜して自己神格化を画策するような破廉恥な発想もない。夢想だにしない。ただ、ロゴスとパトスの、ヘレニズムとヘブライズムの、あるいは、人間精神の自立と神の領域の狭間にあって、両者のすり合わせや「弁証法的止揚」を願ったのだ。しかし、願ったとて果たせそうもない…。そこで、次には、より上級の審判に耳を傾けたい。人知を越えた力に救済を求めたい。理神論でも汎神論でも、さらには無神論でさえも、その掌で遊ばせつつ見守る神に出会いたい。だが出会えない…。すなわち、こういうことになる。確かに彼は、「不信心者として過ごして」いたのかも知れない。それは否定できない。だが、登場人物の口を借りて言っていたように、「信仰心そのものを失って」いたわけでは決してなかった。ただ、分からなかった、分からなかったから知りたかった、だから問いたかった、そして事実、問い続けたのだ。（この心の問題を生涯をかけて探求したのが、次の『死の鏡』の作者ウナムーノその人であった。）

　（謝辞）これまでの解説にあたり、逐一提示することはしませんでしたが、幾冊かの辞典や百科事典、スペイン文学史に関する著書・訳書等を参照させていただきました。記して感謝申しあげます。

El espejo de la muerte (Historia muy vulgar)
『死の鏡』(極めて世俗的な物語)

¡La pobre! Era una languidez traidora que iba ganándole el cuerpo todo de día en día[1]. Ni le quedaban ganas para cosa alguna: vivía sin apetito de vivir y casi por deber. Por la mañana costábale levantarse de la cama[2], ¡a ella, que se había levantado siempre para poder ver salir el sol! Las faenas de la casa le eran más gravosas cada vez.

La primavera no resultaba ya tal para ella. Los árboles, limpios de la escarcha del invierno, iban echando su plumoncillo de verdura; llegábanse a ellos algunos pájaros nuevos[3]; todo parecía renacer. Ella no renacía.

«¡Esto pasará—decíase—, esto pasará![4]» queriendo creerlo a fuerza de repetírselo a solas[5]. El médico aseguraba que no era sino una crisis de la edad[6]: aire y luz, nada más que aire y luz. Y comer bien; lo mejor que pudiese.

可哀そうな娘! 彼女は、毎日毎日裏切られたようなけだるさを体中で感じていた。何をする気も起こらなかった。生きるという意欲を失って、ほとんど生きなければならないという義務感で生きていた。朝になると、いやいやベッドの上に起き上がった。以前ならいつも、太陽が昇るのを見られるように早起きをしていた彼女だったのに! 彼女にとって家事のたぐいはだんだん厄介なものになっていった。

彼女の目に映る春は、もはや以前とは違ったものになっていた。冬の霜が消え去った木々に、緑の新芽が吹き出そうとしていた。新たな小鳥

死の鏡

por Miguel de Unamuno y Jugo
ミゲル・デ・ウナムーノ　作

1) **iba ganándole el cuerpo todo de día en día**：「日々彼女の体中をむしばんでいった（けだるさ）」。**ganándole** は **ganar**「獲得する」の現在分詞 + **le**「彼女から、彼女に対して」（利害の間接目的格）。
2) **costábale levantarse de la cama**：「彼女にとってベッドから起き上がるのは辛いことだった」。**costábale**：**costar**「骨が折れる」の直説法線過去 3 人称単数形 + **le**「彼女にとって」。現在では **le costaba** のように代名詞を動詞の前に置く（**p.101** 注 **5b** 参照）。
3) **Los árboles, limpios de la escarcha del invierno, iban echando su plumoncillo de verdura; llegábanse a ellos algunos pájaros**：「冬の霜が消え去った木々に緑の新芽が吹き出そうとしていた。小鳥がやって来ようとしていた」。**llegábanse** (= **se llegaban**) は、**llegarse**「やって来る」の直説法線過去 3 人称複数形。
4) **Esto pasará—decíase**：「『こんな状態は過ぎ去るわ』と彼女は独り言をいうのだった」。**decíase** (= **se decía**) は、**decirse**「独り言をいう」の直説法線過去 3 人称単数形。
5) **queriendo creerlo a fuerza de repetírselo a solas**：「一人で繰り返すことによって無理やりそう信じようとして」。**repetírselo** は、**repetirse**「（自分自身に）繰り返す」+ **lo**「それを」。
6) **El médico aseguraba que no era sino ~**：「医者は〜に過ぎないと断言していた」。**no ~ sino...**「…でしか〜ない」。

がやって来ようとしていた。すべてがよみがえるようだった。しかし、彼女はよみがえりそうもなかった。

　『こんな状態は過ぎ去るわよ』彼女は独り言のようにいうのだった。『こんな状態はいまに過ぎ去るわ！』一人で繰り返すことによって無理やりそう信じようとしていた。医者は、年齢による不安期に過ぎないと断言していた。空気と光、そう、空気と光しかいりません。そしてよく食べること。それが、できうる最善のことです。

El espejo de la muerte

¿Aire? Lo que es como aire le tenían en redondo[1], libre, soleado, perfumado de tomillo, aperitivo. A los cuatro vientos se descubría desde la casa el horizonte de tierra, una tierra lozana y grasa que era una bendición del Dios de los campos. Y luz, luz libre también. En cuanto a comer... «pero, madre, si no tengo ganas[2]...»

—Vamos, hija, come, que a Dios gracias no nos falta de qué[3]; come—le repetía su madre, suplicante.

—Pero si no tengo ganas le he dicho...

—No importa. Comiendo es como se las hace una.[4]

La pobre madre, más acongojada que ella, temiendo se le fuera de entre los brazos aquel supremo consuelo de su viudez temprana, se había propuesto empapuzarla[5] como a los pavos. Llegó hasta a provocarle bascas, y todo inútil. No comía más que un pajarito. Y la pobre viuda ayunaba en ofrenda a la Virgen pidiéndole diera apetito[6], apetito de comer, apetito de vivir, a su pobre hija.

空気だって？ そんなものなら、彼女の回りにはいくらでも、陽の光を浴び、タチジャコウの香りを含んだ、おいしそうなのが満ちていた。家からは四方に大地の地平線が開けていた。野の神の祝福を受けて青々とした肥沃な大地が開けていた。そして光は、光もまた満ちあふれていた。しかし食べることに関しては…、『でも、母さん、私食欲がないのよ…』。

「さあ、お前、お食べ。おかげ様で食べるものの心配はいらないんだから、お食べ。」母親は頼むように繰り返すのだった。

「でも、言ってるように私食欲がないのよ…。」

「そんなことは大したことじゃないのよ。食べるとまた食欲も出てくる

死の鏡

1) **Lo que es como aire le tenían en redondo**：「空気のようなものなら彼女の回りにあった（人は持っていた）」。**lo que**は、先行詞を含む関係代名詞「〜ところのこと・もの」（英．**what**）。
2) **pero, madre, si no tengo ganas**：「でも、母さん、私食欲がないのよ」。**si**は単なる強め。
3) **come, que a Dios gracias no nos falta de qué**：「おかげ様で食べるものの心配はいらないんだから、お食べ」。**come**は、**comer**「食べる」の命令法2人称単数形。**de qué**の後に**comer**が省略されている。疑問詞＋不定詞で「〜すべき…」。
4) **Comiendo es como se las hace una.**：「食べることは女がそれ（食欲）を得る方法なのよ」とは、「食べるとまた食欲も出てくるものなのよ」。
5) **temiendo se le fuera de entre los brazos ～ se había propuesto empapuzarla**：「自分の腕の中から〜が消えてしまうのを恐れて、彼女にたらふく食べさせようとしてしまっていた」。**temiendo**は、**temer**「恐れる」の現在分詞。**se había propuesto**は、**proponerse**「もくろむ」の直説法過去完了3人称単数形。**empapuzarla**：**empapuzar**「飽食させる」＋**la**「彼女を」。
6) **pidiéndole diera apetito**：「〜（そして）彼女に食欲が出るよう祈った」。**pidiéndole**：**pedir**「頼む」の現在分詞＋**le**「彼女（聖母マリア）に」。**diera**は、**dar**「与える」の接続法過去3人称単数形。現在分詞の後に**que**が省略されている（注5も同様）。

ものよ。」

　哀れな母親は、当人自身よりも悲しみ、早くからの未亡人生活の中で、かけがえのない慰めが自分の腕の中から消えてしまうのを恐れて、七面鳥にするように無理やり食べさせようとしているのだった。高じてそれは、娘の吐き気を促すようなことになって、すべては無駄だった。彼女は小鳥ほどしか食べなかった。可哀そうな娘に意欲が出るように、食欲や、生活欲が出るように、哀れな未亡人は禁欲し、聖母マリアに供物をして、祈りを捧げるのであった。

El espejo de la muerte

Y no era esto lo peor que a la pobre Matilde le pasaba; no era el languidecer, el palidecer, marchitarse y ajársele el cuerpo[1]; era su novio, José Antonio, estaba cada vez más frío con ella. Buscaba una salida, sí; no había dudado de ello; buscaba un modo de zafarse y dejarla. Pretendió primero, y con muy grandes instancias, que se apresurase la boda, como si temiera perder algo[2], y a la respuesta de madre e hija de: «No; todavía no, hasta que me reponga[3]; así no puedo casarme» frunció el ceño. Llegó a decirle que acaso el matrimonio la aliviase, la curase[4], y ella, tristemente: «No, José Antonio, no; éste no es mal de amores; es otra cosa: es mal de vida.» Y José Antonio la oyó mustio y contrariado.

しかしこのことが、可哀そうなマチルデに起こっている最悪の事態なのではなかった。衰弱していくことや、青ざめていくことや、体がしなびたりやつれたりしていくことではなかった。それは、恋人のホセ・アントニオが彼女に対してだんだん冷たくなっていくことだった。そう、彼は逃げ道を探していたのだ。疑いもなくそうだった。彼女を避ける方法、別れる方法を探していたのだった。初め彼は、まるで何かを失ってしまうのを恐れるかのように、しかも哀願するように、結婚式を急ぐ素

死の鏡

1) **no era esto lo peor que a la pobre Matilde le pasaba; no era el languidecer, el palidecer, marchitarse y ajársele el cuerpo**：「このことが、可哀そうなマチルデに起こっている最悪のことなのではなかった。衰弱することや、青ざめていくことや、体がしなびたりやつれたりしていくことではなかった」。**lo peor**「最悪のこと」。**el languidecer**「衰弱すること」。このように、不定詞に定冠詞**el**をつけることがある。つまり、不定詞を名詞「〜すること」として用いる際は男性単数名詞として扱う。**ajársele el cuerpo**「彼女の体がやつれること」。
2a) **Pretendió primero ~ que se apresurase la boda, como si temiera perder algo**：「初め彼は、まるで何かを失うのを恐れるかのように、結婚式を急ぐ素振りをしていた」。**se apresurase**は、**apresurarse**「急ぐ」の接続法過去（**se**形）3人称単数形。**temiera**は、**temer**「恐れる」の接続法過去（**ra**形）3人称単数形。／2b) 接続法過去の**ra**形と**se**形は由来が異なる（**ra**形はかつての直説法大過去から由来した）だけで、用法はほとんど同じ（現在では、**ra**形の方が幾分用途が広い）。
3) **hasta que me reponga**：「私が回復するまで」。**hasta que**「〜するまで」は従属節が不定未来を表す場合接続法を要求する。**me reponga**は、**reponerse**「回復する」の接続法現在1人称単数形。
4) **Llegó a decirle que acaso el matrimonio la aliviase, la curase**：「ついに彼は、結婚すれば病が軽減し、治るかも知れないとまで言った」。**que**以下は「疑い」を表す従属節で、接続法を要求する。**aliviase, curase**はそれぞれ**aliviar**「軽減する」**curar**「治癒する」の接続法過去3人称単数形。

振りをしていた。そして、『だめよ。まだだめ。私が回復するまでは。こんな状態では結婚なんかできっこないわ』という母娘の返事に顔をしかめるのだった。ついに彼は、結婚すれば病が軽減し、治るかも知れないとまで言った。『いいえ、ホセ・アントニオ、だめよ。これは恋の病じゃないの。別のことなの。命の病なのよ。』彼女は、悲しそうに言うのだった。するとホセ・アントニオは、意気消沈し、憮然としてそれを聞いていた。

El espejo de la muerte

Seguía acudiendo a la cita el mozo[1], pero como por compromiso, y estaba durante ella distraído y como absorto en algo lejano. No hablaba ya de planes para el porvenir, como si éste hubiera para ellos muerto[2]. Era como si aquellos amores no tuviesen ya sino pasado.[3]

Mirándole como a espejo, le decía Matilde[4]:

—**Pero, dime[5], José Antonio, dime, ¿qué te pasa?; porque tú no eres ya el que antes eras...**

—¡Qué cosas se te ocurren, chica! ¿Pues quién he de ser?[6]...

若者は約束の時には来続けていたが、それは妥協のようだった。そしてその間、放心して遠くのものに心を奪われたようにしていた。もうすでに、将来の計画などを話すことはなかった。2人にとって未来は死んでしまっているかのようだった。あの色恋はとうに過去のことになってしまい、それ以外の何ものでもないかのようだった。マチルデは、鏡で

死の鏡

1) **Seguía acudiendo a la cita el mozo**：「若者は約束の時には来続けていた」。**seguir**＋現在分詞は「〜し続ける」。なお本文の直後の、**durante ella** = **durante la cita**「逢引の間、会っている間」。
2a) **como si éste hubiera para ellos muerto**：「彼らにとってこれ（未来）は死んでしまったかのように」。**hubiera muerto**は、**morir**「死ぬ」の接続法過去完了3人称単数形。／**2b) como si**＋接続法過去は現在の事実の反対を仮定する「あたかも〜であるかのように」。**como si**＋接続法過去完了は過去の事実の反対を仮定する「あたかも〜であったかのように」（**p.117**注**4b**も参照）。
3) **Era como si aquellos amores no tuviesen ya sino pasado.**：「あの色恋はとうに過去のことでしかなくなってしまったかのようだった」。**tuviesen**は、**tener**「持つ」の接続法過去3人称複数形。**tener**＋目的語＋過去分詞で「〜を…してある」。
4) **Mirándole como a espejo, le decía Matilde**：「マチルデは鏡でも見るように彼を見ながら言うのだった」。（この短編の表題 "**El espejo de la muerte**"『死の鏡』を考え合わせると意味深長なところ。ホセ・アントニオという鏡にマチルデの死相が映る？）。
5a) **dime**：「私に言いなさい」。**dime**は、**decir**「言う」の命令法2人称単数形＋**me**「私に」。／5b) 現在では目的格代名詞が動詞末尾に結合するのは、不定詞・現在分詞・肯定命令の目的語になる場合の3つ。これを**enclítico**「前接語」という（「前に置く」でなく、「前の語につける」の意）。これに対し、上記**4**の**le decía**などの場合を**proclítico**「後接語」という。
6) **¡Qué cosas se te ocurren, chica! ¿Pues quién he de ser?**：「何ということを思いつくんだ（何事が君の頭に浮かんだのか）、君！では僕が誰であればいいのか？」。**he**は、**haber**（助動詞）の直説法現在1人称単数形。**haber de**＋不定詞で、「〜すべき」（**p.19**注**7**参照）。

も見るように彼を見ながら言った。

「でも、言って、ホセ・アントニオ、お願い。どうなさったの？　だってあなたったら、以前のあなたのようじゃないんですもの…。」

「何てことを思いつくんだ、君！　それじゃ僕が誰であればいいんだい？…」

El espejo de la muerte

—Mira, oye[1]: si te has cansado de mí, si te has fijado ya en otra, déjame[2]. Déjame, José Antonio, déjame sola, porque sola me quedaré; ¡no quiero que por mí te sacrifiques![3]

—¡Sacrificarme! Pero ¿quién te ha dicho, chica, que me sacrifico? Déjate de tontería, Matilde.

—No, no, no lo ocultes[4]; tú ya no me quieres...

—¿Que no te quiero?

—No, no, ya no me quieres como antes, como al principio...

—Es que al principio...[5]

—¡Siempre debe ser principio, José Antonio!; en el querer siempre debe ser principio: se debe estar siempre empezando a querer.

—Bueno, no llores, Matilde, no llores, que así te pones peor[6]...

—¿Que me pongo peor? ¿Peor?; ¡Luego estoy mal![7]

「ねえ、聞いて。もし私のことが嫌になってしまったのなら、もし誰かほかの女の人に心が行ってしまったのなら、私を捨ててちょうだい。私を捨てて、ホセ・アントニオ。私を一人にしてちょうだい。私は一人でもいいんだから。私のためにあなたが犠牲になるなんていやなのよ！」

「僕が犠牲になるだって！ しかし、誰が言ったんだい、君。僕が犠牲になるだなんて！ 馬鹿なことを言うんじゃないよ、マチルデ」

「いや、違うわ、隠さないで。あなたはもう私のことなんか好きじゃないんだわ…。」

「僕が君のことを愛していないんだって？」

死の鏡

1) **Mira, oye**:「ねえ、聞いて」。**mira**：**mirar**「見る」の命令法2人称単数形、**oye**：**oír**「聞く」の命令法2人称単数形。
2) **si te has cansado de mí, si te has fijado ya en otra, déjame**:「もし私のことを嫌になってしまったのなら、もし誰か他の女の人に心がとまったのなら、私を捨ててちょうだい」。**déjame** は、**dejar**「放置する」の命令法2人称単数形＋**me**「私を」。
3) **¡no quiero que por mí te sacrifiques!**:「私のためにあなたが犠牲になるなんていやです！」。**por mí** の部分を忠実に直訳すれば、「私のせいであなたが犠牲になるなんて…」。**te sacrifiques** は、**sacrificarse**「犠牲になる」の接続法現在2人称単数形（正書法上の変化に注意）。なお、次行の **¡Sacrificarme!** については **p.17**注**6)** 参照。
4) **no lo ocultes**:「（それを）隠さないで」（否定命令文）。**ocultes** は、**ocultar**「隠す」の接続法現在2人称単数形。2人称に対する肯定命令「君・君たち〜しなさい」には命令法2人称単数形・複数形が用いられるが、同否定命令「君・君たち〜しなさんな」には接続法現在2人称単数形・複数形が用いられる（上記注**1**比較参照）。
5) **Es que al principio…**:「初めの頃というのは…」。**Es que**〜は強調構文「〜ということである」（英. **It is that**〜. **p.105**注**1**参照）。
6) **Matilde, no llores, que así te pones peor**:「マチルデ、泣くんじゃないよ。そんな風にしているともっと悪くなってしまうから」。**llores** は **llorar**「泣く」の接続法現在2人称単数形。
7) **¡Luego estoy mal!**:「私はとっくに悪くなっています！」。この場合の **luego** は、**de antemano**「前もって」、**ya**「すでに」などと類義。

「そうよ、そうよ。もう以前のように私を愛していないんだわ。初めの頃のように…」

「だって初めの頃というものは…」

「いつだって初めと同じでなくちゃならないわ、ホセ・アントニオ。人を愛するときは、いつだって初めと同じでなくちゃ。いつだって愛の芽生えがなくちゃならないわ。」

「わかった、泣くなよ、マチルデ。泣くんじゃないよ。もっと悪くなってしまうからさ。」

「悪くなるですって？　もっと悪く？　私はとうに悪くなっているわ！」

El espejo de la muerte

—¡Mal... no!; pero... Son cavilaciones...
—Pues, mira, oye: no quiero, no; no quiero que vengas por compromiso...
—¿Es que me echas?[1]
—¿Echarte yo, José Antonio, yo?
—Parece que tienes empeño en que me vaya...[2]
Rompió aún a llorar la pobre.[3] Y luego, encerrada en su cuarto, con poca luz ya y poco aire, mirábase Matilde una y otra vez al espejo y volvía a mirarse en él[4]. «Pues no, no es gran cosa—se decía—; pero las ropas cada vez se me van quedando más grandes, más holgadas[5]; este justillo me viene ya flojo, puedo meter las dos manos por él; he tenido que dar un pliegue más a la saya[6]... ¿Qué es esto, Dios mío, qué es?» Y lloraba y rezaba.

「悪くなっているなんて…、そんなことはないよ！ だけど…。それは思い過ごしだよ…。」
「それじゃ、ねえ聞いて。私、いやなの、いや。あなたが妥協で来てくれるなんていやなのよ…。」
「僕を捨てるということなのかい？」
「私が、あなたを捨てるですって？ ホセ・アントニオ、私が？」
「君はまるで、僕が立ち去ればいいと思っているようだから…」
哀れな娘は、またまた、泣き出してしまうのだった。そしてやおら、

死の鏡

1) **¿Es que me echas?**:「君は僕を捨てるということかい？」。
2) **Parece que tienes empeño en que me vaya.**:「（君は）僕に立ち去ってほしいと願っているように見える」。**tienes empeño**「執着心を持つ」とは、「口に出して言わないまでも、そう願っている」ほどのニュアンス。
3) **Rompió aún a llorar la pobre.**:「（哀れな娘は）またまたどっと泣き出してしまった」。**rompió**は、**romper**「壊す」の直説法点過去3人称単数形。**romper a** + 不定詞で「急に〜し始める」。**aún**は通常**todavía**「まだ」の意味で用いられるが、この場合は**más aún**「さらにまた」と同義。
4) **mirábase Matilde una y otra vez al espejo y volvía a mirarse en él**:「2度3度と鏡に姿を映してみては鏡を置き、そしてまたもや鏡をのぞきこむのだった」。**mirábase**は、**mirarse**「自分自身（の姿）を見る」の直説法線過去3人称単数形。**en él**は、「その（鏡の）中で」。**él**は通常、主格人称代名詞としては人間のみを表すが、このような前置詞格の場合は物も受ける。
5) **las ropas cada vez se me van quedando más grandes, más holgadas**:「洋服がますます大きくなって、ますますだぶついてくるわ」。**ir** + 現在分詞「〜してゆく」は進行形の一種だが、**estar** + 現在分詞「〜しつつある」と違って、「進展・展開・変化」のニュアンスが加わる。
6) **he tenido que dar un pliegue más a la saya**:「スカートに、もっとギャザをつけなきゃいけなかったんだわ」。

すでに薄暗い、空気の通らない自室に閉じこもって、マチルデは二度三度と鏡に姿を映してみては鏡を置き、そしてまたもや同じことを繰り返すのだった。『まあ、そう大したことじゃないんだわ』彼女は独り言をつぶやくのだった。『でも洋服がますます大きくなって、だぶついてくるわ。このコルセットなんか、ゆるくなっちゃって両方の手が入るわ。スカートにもっとギャザをつけなきゃいけなかったんだわ…。これどういうことなの、神様、何ということなの？』そして彼女は、泣きながら祈るのでした。

El espejo de la muerte

Pero vencían los veintitrés años[1], vencía su madre, y Matilde soñaba de nuevo en la vida, en una vida verde y fresca aireada y soleada, llena de luz, de amor y de campo; en un largo porvenir, en una casa henchida de faenas, en unos hijos y, ¿quién sabe?, hasta en unos nietos.[2] ¡Y ellos, dos viejecitos, calentando al sol el postre de la vida![3]

José Antonio empezó a faltar a las citas, y una vez, a los repetidos requerimientos de su novia de que la dejara si es que[4] ya no la quería como al principio, si es que no seguía empezando a quererla[5], contestó con los ojos fijos en la guija del suelo: «Tanto te empeñas, que al fin ...[6]» Rompió ella una vez más a llorar. Y él entonces, con brutalidad de varón: «Si vas a darme todos los días estas funciones de lágrimas, sí que te dejo.[7]» José Antonio no entendía de amores de lágrimas.

しかし彼女らは23年もの間、頑張り抜いていた。母親は頑張っていた。そしてマチルデはあらためて人生の夢を見ていた。初々しく新鮮で、空気と太陽に照らされ、光と愛と田園の満ちた生活を夢見ていた。洋々たる未来を夢見ていた。家事でいっぱいの家や子供たちを夢見ていた。そして、誰知るや？、孫たちのことさえ夢見ていた。そして、彼ら二人の老夫婦は、人生の晩年を日向ぼっこしながら！

　ホセ・アントニオは約束をすっぽかし始めた。そしてあるとき、初め

死の鏡

1) **vencían los veintitrés años**：「(彼女らは) 23年の間、頑張り抜いて (困難に打ち勝って) いた」。
2) **y, ¿quién sabe?, hasta en unos nietos**：「そして、誰知るや?、孫たちのことさえ (夢見ていた)」。**¿quién sabe?**「誰が知っているか?」は修辞疑問 (疑問文の形式を用いて強調を表す。「誰一人知らない」)。
3a) **¡Y ellos, dos viejecitos, calentando al sol el postre de la vida!**：「彼ら二人の老夫婦は、人生の晩年を日向ぼっこしながら!」。**viejecitos**は**viejo**「老人」+ **ecito**(示小辞)。／ **3b)** 示小辞 **-ito** (**-cito**, **-ecito**) は、①文字通り「小さいこと」②「愛情」の意味を添える：**cochecito**「小さい車・かわいい車」、**florecita**「小さい花・可憐な花」。上の場合は用法②。
4) **a los repetidos requerimientos de su novia de que la dejara si es que~**：「もし~ということなら、捨てて欲しいという恋人の度重なる要請に対して」。
5) **si es que ya no la quería como al principio, si es que no seguía empezando a quererla**「初めの頃のように愛していないのなら、常に新たな愛が芽生え続けるのでないなら」。
6) **Tanto te empeñas, que al fin ...**：「そんなに言い張っていると、しまいには…」。**tanto~ que...**「そんなに~すると…する」。
7) **Si vas a darme todos los días estas funciones de lágrimas, sí que te dejo.**：「君が毎日こんな涙の見せ物をするのなら、よし、君を捨ててやろう」。

の頃のように愛していないのなら、常に新たな愛が芽生え続けるのでないなら捨てて欲しいという恋人の度重なる要請に対して、彼は地面の小石に目を落としたまま答えた。『そんなに言い張っていると、しまいには…』彼女はまたまた泣き出した。そこで彼は、乱暴に言い放った。『君が毎日こんな涙の見せ物をするのなら、よし、君を捨ててやろうじゃないか。』ホセ・アントニオは、涙の愛を分かってくれそうもなかった。

El espejo de la muerte

Supo un día Matilde que su novio cortejaba a otra, a una de sus más íntimas amigas[1]. Y se lo dijo. Y no volvió José Antonio.

Y decía a su madre la pobre:

—¡Yo estoy muy mala, madre; yo me muero[2]!...

—No digas tontería, hija; yo estuve a tu edad mucho peor que tú; me quedé en puros huesos. Y ya ves cómo vivo. Eso no es nada. Claro, te empeñas en no comer...[3]

Pero a solas en su cuarto y entre lágrimas silenciosas, pensaba la madre: «¡Bruto, más que bruto! Por qué no aguardó un poco[4]..., un poco, sí, no mucho... La está matando... antes de tiempo[5]...»

Y se iban los días, todos iguales, unánimes, llevándose cada uno un jirón de la vida de Matilde[6].

マチルデはある日彼女の恋人が別の女に言い寄っているのを知った。彼女の親友の一人だった。それで、そのことを彼に話した。するとホセ・アントニオは、二度と再び、やって来ることはなかった。
そして哀れな娘は母親に言うのだった。
「母さん、私、とても具合が悪いの。死んでしまうんだわ！…」
「ばかなこと言うんじゃないよ、お前。私がお前の年の頃はもっと具合が悪かったよ。まったく骨ばかりだった。でも、私が今どんな風に生きているか、お前には分かるでしょ。何でもないのよ。はっきりしている

死の鏡

1) **su novio cortejaba a otra, a una de sus más íntimas amigas**:「恋人が別の女、彼女の最も親しい友人の一人に言い寄っている（のを彼女は知った）」。
2) **yo me muero**:「私は死んでしまうんだわ」。**me muero**は、**moririse**「死んでしまう」の直説法現在1人称単数形。この場合の再帰代名詞は間接目的格。「―自身から～する」ということから、「行為の自発性・積極性・移行性・完了性」などの含みを添える働きをする。通常「～してしまう、～込む、どんどん～する」などの訳文があてられる。
3) **Claro, te empeñas en no comer...**:「もちろん、お前は食べないことに固執している…」。省略があって、**Claro es lo que te empeñas...**と補って解釈すれば、「はっきりしているのは、お前が頑として食べないということなのよ…」。
4) **¡Bruto, más que bruto! Por qué no aguardó un poco**:「ひどい男だわ、いや、ひどいなんてものじゃない（それ以上よ）！ どうして、もう少し待ってくれなかったのかしら」。
5) **La está matando... antes de tiempo**:「(あの男が）娘を殺しているんだわ…そんな時じゃないというのに」。**antes de tiempo**は、「(寿命の）時間より前に」。
6) **se iban los días ...llevándose cada uno un jirón de la vida de Matilde**:「日々が過ぎて行き…その一日ごとにマチルデの命が削り去られていった」（分詞構文）。**llevándose**は、**llevarse**「持ち去る」の現在分詞（「持ち去りながら、～そして持ち去った」）。

のは、お前が頑として食べないということなのよ…。」

しかし母親は自分の部屋で一人になると、黙って涙を流しながら考え込むのだった。『ひどい男だよ、いや、ひどいなんてものじゃない！ どうして、もう少し待ってくれなかったのかしら…、もう少し、そう、ほんの少しだけ…。あの男が娘を殺しているんだよ…。死ぬようなときじゃないのに…。』

そうして、全く同じような変化のない日々が過ぎて行き、その一日ごとにマチルデの命が削り去られていった。

El espejo de la muerte

Acercábase el día de Nuestra Señora de Fresneda, en que iban todos los del pueblo a la venerada ermita[1], donde se rezaba, pedía cada cual por sus propias necesidades y era la vuelta una vuelta de romería, entre bailes, retozos, cantos y relinchidos[2]. Volvían los mozos de la mano, del brazo de las mozas, abrazados a ellas, cantando, brincando, jijeando, retozándose. Era una de besos robados, de restregones, de apretujeos.[3] Y los mayores se reían recordando y añorando sus mocedades[4].

—Mira, hija — dijo a Matilde su madre; —está cerca el día de Nuestra Señora: prepara tu mejor vestido. Vas a pedirle que te dé apetito.[5]

—¿No será mejor, madre, pedirle salud?[6]

フレスネーダの聖母祭が近づいていた。その日は村中の人が崇拝するおこもり堂へ出かけ、お祈りをし、めいめいが自分に必要なものを願かけし、その帰路は、踊りや、戯れや、歌や歓声の渦巻く参拝帰りとなるのだった。若者たちは娘たちの手を取り、腕を取って彼女たちを抱き、歌いながら、飛び跳ねながら、叫びながら、じゃれ合いながら帰って来るのだった。唇を奪ったり、体をこすりつけたり、くっつき合ったりし

死の鏡

1) **Acercábase el día de Nuestra Señora de Fresneda, en que iban todos los del pueblo a la venerada ermita~**:「フレスネーダの聖母祭の日が近づいていた。その日は村中の人が崇拝するおこもり堂へ出かけて～」。なお、**Fresneda**は、スペイン北部のブルゴス県の山間にある村。
2a) **y era la vuelta una vuelta de romería, entre bailes, retozos, cantos y relinchidos**:「その帰路は、踊りや、戯れや、歌や歓声の中にまみれた参拝帰りとなるのだった」。／**2b)** 次行**jijeando**は、**jijear**「叫び声を発する」の現在分詞。
3) **Era una de besos robados, de restregones, de apretujeos.**:「唇を奪ったり、体をこすりつけたり、くっつき合ったりしながらの帰り道になるのだった」(**una = una vuelta**)。
4) **los mayores se reían recordando y añorando sus mocedades**:「大人たちは、自分の青春時代を思い出し、懐かしみながら微笑むのであった」。
5) **Vas a pedirle que te dé apetito.**:「食欲が出るよう彼女（聖母様）にお願いするんだよ」。**ir a** + 不定詞は「～するだろう、～するつもりだ」(英. **be going to**)と、近い未来のことを表すので「近接未来」とも言われる。ということは、未来形の持つ機能（次項**6b**参照）と似たところがあり、そこから「命令」を表す用法も派生する。なお、**dé**は**dar**「与える」の接続法現在 3 人称単数形。
6a) **¿No será mejor, madre, pedirle salud?**:「健康をお願いする方が良かなくって、母さん？」。**será**は、**ser**「～である」の直説法未来 3 人称単数形。／**6b)** 未来形の用法は、①未来の事柄「～する、するだろう」、②現在の推量「～するだろう」、③命令「～せよ、～するんだ」などを表す。本文は、用法②。

ながらの帰り道になるのだった。そして大人たちは、自分の青春時代を思い出し、懐かしみながら微笑むのであった。

　「ねえ、お前」母親はマチルデに言った。「聖母祭が近づいたから一番のおしゃれ着を用意なさい。食欲が出るよう聖母様にお願いするんだよ」

　「健康をお願いする方が良かなくって、母さん？」

El espejo de la muerte

—No, apetito, hija, apetito. Con él te volverá la salud.[1] No conviene pedir demasiado ni aun a la Virgen. Es menester pedir poquito a poquito[2];hoy una miaja, mañana otra. Ahora apetito, que con él te vendrá la salud, y luego...

—Luego, ¿qué, madre?

—Luego un novio más decente y más agradecido que ese bárbaro de José Antonio.[3]

—¡No hable mal de él, madre!

—¡Que no hable mal de él![4] ¿Y me lo dices tú? Dejarte a ti, mi cordera; ¿y por quién? ¿Por esa legañosa de Rita?

—No hable mal de Rita, madre, que no es legañosa. Ahora es más guapa que yo. Si José Antonio no me quería ya, ¿para qué iba a seguir viniendo a hablar conmigo? ¿Por compasión? ¿Por compasión, madre, por compasión? Yo estoy muy mal, lo sé, muy mal. Y a Rita da gusto de verla, tan colorada, tan fresca...[5]

「いいえ、食欲よ、お前、食欲をお願いするんだよ。食欲さえあれば健康も戻って来るわ。聖母様だからといって欲ばったお願いをするのは良くないよ。少しずつお願いしなくちゃね。今日ひとかけら、明日またひとかけらとね。今は食欲をお願いして、そしたら健康が戻って来るから、それから…。」

「それから、何なの、母さん？」

「それからあのホセ・アントニオの野蛮人よりもっと慎み深くて、もっと義理がたい恋人をお願いするんだよ」

「あの人のことを悪く言わないで、母さん！」

「あの人のことを悪く言うな、だって！ お前の口からそれを言うのか

死の鏡

1) **Con él te volverá la salud.**：「それ(食欲)さえあれば健康も戻ってくる」。
2) **Es menester pedir poquito a poquito**：「少しずつお願いすることが必要です」。**poquito**「ほんの少し」は**poco**「少し」＋**ito**(示小辞)。**poco a poco**「少しずつ」。なお、示小辞をつける際の**-co→-qui**の綴り字変化(正書法上の変化)に注意。
3) **Luego un novio más decente y más agradecido que ese bárbaro de José Antonio.**：「それからあのホセ・アントニオの野蛮人よりもっと慎み深くて、もっと恩義に厚い恋人を(お願いするんだよ)」。**Luego**の後に述部 **es menester pedirle** または **vas a pedirle** が省略されている。
4a) **¡Que no hable mal de él!**：「あの人のことを悪く言わないでだって！」(間接命令文)。**hable**は**hablar**「話す」の接続法現在1人称単数形。／**4b) Que** ＋接続法現在形で、①間接命令「－が～するように」、②願望文「(願わくば)～するように」：**Que salgas bien en el examen.**「君が試験でうまくいくように」。
5) **a Rita da gusto de verla, tan colorada, tan fresca...**：「(彼が)リタに会いに行くと、彼女喜んでるわ、とても色つやを良くして、ぴちぴちとして…」。**dar gusto a~**「～を喜ばせる」。前半部の直訳：「(彼が)リタに会うことが彼女を喜ばせる」。

い？ お前を捨てようというんだよ、子羊さん。しかも誰のせいで？ あのただれ目のリタのせい？」

「リタのことを悪く言わないで、母さん。ただれ目なんかじゃないんだから。今は私なんかよりずっと綺麗よ。ホセ・アントニオがもう私を愛していなかったのなら、どうして私とお話をしに来続けようとしたのかしら？ お情けで？ そうなの、母さん、お情けなの？ 私、とても具合が悪いの。分かるのよ、とっても悪いの。それに、彼がリタに会いに行くと、彼女喜んでるわ。とても色つやが良くって、とてもぴちぴちしていて…。」

El espejo de la muerte

—¡Calla, hija, calla! ¿Colorada? Sí, como el tomate. ¡Basta, basta!

Y se fué a llorar la madre.

Llegó el día de la fiesta. Matilde se atavió lo mejor que pudo, y hasta se dió, ¡la pobre!, colorete en las mejillas.[1)] Y subieron madre e hija a la ermita. A trechos tenía la moza que apoyarse en el brazo de su madre; otras veces se sentaba.[2)] Miraba al campo como por despedida, y esto aun sin saberlo.[3)]

Todo era en torno alegría y verdor. Reían los hombres y los árboles. Matilde entró a la ermita, y en un rincón, con los huesos de las rodillas clavados en las losas del suelo, apoyados los huesos de los codos en la madera de un banco[4)], anhelante, rezó rezó, rezó, conteniendo las lágrimas. Con los labios balbucía una cosa, con el pensamiento, otra.[5)] Y apenas se veía el rostro resplandeciente de Nuestra Señora, en que se reflejaban las llamas de los cirios[6)].

「お黙り、お前、お黙り！ 色つやがいいって？ そう、トマトみたいにね。もうたくさん、もうたくさんよ！」

そして母親は泣き崩れた。

祭りの日がやって来た。マチルデは精一杯飾りたてて、かわいそうな女！、頬には紅までさした。そして母娘はおこもり堂へ出かけていった。娘は体を支えるのに時々母親の腕を借りなければならなかった。さもなければ、時々地面に座りこんでしまうのだった。彼女は、それと気づき

死の鏡

1) **Matilde se atavió lo mejor que pudo, y hasta se dió, ¡la pobre!, colorete en las mejillas.**：「マチルデは精一杯飾りたてて、かわいそうな女！、頬には紅までさした」。**lo mejor que pudo**「できるだけ美しく」。
2) **A trechos tenía la moza que apoyarse en el brazo de su madre; otras veces se sentaba.**：「娘は時々母親の腕を借りて体を支えなければならなかった。そうでない時は座りこんでしまうのだった」。
3) **Miraba al campo como por despedida, y esto aun sin saberlo.**：「彼女は、(この世の)別れのように田園を眺めるのだった。しかもそれと気づきもせずに」。
4) **con los huesos de las rodillas clavados en las losas del suelo, apoyados los huesos de los codos en la madera de un banco**：「床の敷石の上に膝骨をしっかりついて、木製のベンチの上で肘骨を支えて」。
5) **Con los labios balbucía una cosa, con el pensamiento, otra.**：「口で唱えていることと頭の中で考えていることは違うことであった」。**balbucía**は**balbucir**「もぐもぐ言う」の直説法線過去3人称単数形。この動詞は(「不具動詞」といって)、活用形の語尾が**i**で始まる場合にのみ用いられる。それ以外の場合は**balbucear**「もぐもぐ言う」を用いる。
6) **apenas se veía el rostro resplandeciente de Nuestra Señora, en que se reflejaban las llamas de los cirios**：「大ろうそくの炎に照らされてさんぜんと輝く聖母マリアの顔は、ほとんど見ていなかった」。

もせずにこの世の別れのような顔で田園を眺めるのだった。

あたりは喜びと新緑で満ちあふれていた。人々も木々も笑っていた。マチルデはおこもり堂に入り、片隅で、床の敷石の上に膝骨を折り、木製のベンチの上で肘骨を支えて、涙をこらえながら息も絶え絶えに、祈った、祈った、そして祈った。口で唱えていることと、頭の中で考えていることは違う別々のことであった。それで、大ろうそくの炎に照らされてさんぜんと輝く聖母マリアの顔はほとんど見ていなかった。

El espejo de la muerte

Salieron de la penumbra de la ermita al esplendor luminoso del campo y emprendieron el regreso. Volvían los mozos, como potros desbocados, saciando apetitos acariciados durante meses.[1] **Corrían mozos y mozas excitando con sus chillidos éstas a aquéllos a que las persiguieran.**[2] **Todo era restregones, sobeos y tentarujas**[3] **bajo la luz del sol.**

Y Matilde lo miraba todo tristemente, y más tristemente aún lo miraba su madre, la viuda.

—Yo no podría correr si así me persiguieran[4]**—pensaba la pobre moza—; yo no podría provocarles y azuzarles con mis carreras y mis chillidos... Esto se va.**[5]

彼女らはおこもり堂の薄暗がりから野原の輝きの中へ出て帰路についた。若者たちは、はみを外した駿馬のように、数ヵ月もの間胸に抱いていた欲望を堪能しながら帰るのだった。若者や乙女たちが興奮して走り回っていた。乙女らは、若者たちに追いかけさせようとして奇声をあげていた。すべてが太陽の光の下、こすり合いと、いちゃつきとまさぐり合いであった。

そしてマチルデは悲しそうに、その一部始終を見つめていた。未亡人の母親はさらに悲しそうに見ていた。

「私はあんな風に追いかけられたら走れないわ」可哀そうな乙女は考えるのだった。「私は走ったり声をあげたりして、彼らを挑発することもけしかけることもできないわ…。こういうことは、もう終りなんだわ。」

死の鏡

1) **Volvían los mozos, como potros desbocados, saciando apetitos acariciados durante meses.**:「若者たちは、はみを外した駿馬のように、数ヵ月もの間抱いていた欲望を堪能しながら帰るのだった」。
2) **Corrían mozos y mozas excitando con sus chillidos éstas a aquéllos a que las persiguieran.**:「若者たちや乙女たちが、興奮して走り回っていた。乙女たちが、若者たちに追いかけさせようとして奇声をあげていた」。**éstas**「後者」(この語の位置から見て近い方、すなわち「乙女たち」を指す)。**aquéllos**「前者」(同じく遠い方、すなわち「若者たち」を指す)。**persiguieran**は、**perseguir**「追いかける」の接続法過去3人称複数形。
3) **sobeos y tentarujas**:「いちゃつきとまさぐり合い」。
4a) **Yo no podría correr si así me persiguieran**:「私はあんな風に追いかけられたら走れないだろう」(条件文)。／**4b)** 条件文は、①**si** + 接続法過去⇒直説法過去未来形」「もし～すれば⇒…するのだが」(英. 仮定法過去)、②**si** + 接続法過去完了⇒直説法過去未来完了形」「もし～していたら⇒…したのだが」(英. 仮定法過去完了)の2つがある。なお、**p.101**注**2b)** も参照。
5) **Esto se va.**:「こういうことは過ぎていってしまう」とは、「こういうことはもう終りだ」。

El espejo de la muerte

Cruzáronse con José Antonio, que pasaba junto a ellas acompañando al paso a Rita.[1] Los cuatro bajaron los ojos al suelo. Rita palideció, y el último arrebol, un arrebol de ocaso encendió las mejillas de Matilde, de donde la brisa había borrado el colorete[2].

Sentía la pobre moza en torno de sí el respeto como espesado; un respeto terrible, un respeto trágico, un respeto inhumano y cruelísimo.[3] ¿Qué era aquello? ¿Era compasión? ¿Era aversión? ¿Era miedo? ¡Oh, sí; tal vez miedo, miedo tal vez! Infundía temor; ¡ella, la pobre chiquilla de veintitrés años![4] Y al pensar en este miedo inconsciente de los otros, en este miedo que inconscientemente también adivinaba en los ojos de los que al pasar la miraban[5], se la helaba de miedo, de otro más terrible miedo, el corazón[6].

彼女たちはホセ・アントニオとすれ違った。彼はリタと連れ添って、2人のそばを通りかかった。4人とも視線を地面に落とした。リタは青ざめた。一方、風で赤みを失っていたマチルデの頬が、消えゆく夕焼けの、入り日の残光に赤く染まった。

哀れな娘は、彼女自身をめぐる重苦しいような気遣いを感じていた。恐ろしい気遣い、悲劇的な気遣い、非人間的で残酷この上ない気遣い。それは一体何だったのだろうか？ 同情か？ 反感か？ 恐怖か？ ああ、そ

死の鏡

1) **Cruzáronse con José Antonio, que pasaba junto a ellas acompañando al paso a Rita.**：「彼女らはホセ・アントニオとすれ違った。彼はリタと連れ添って彼女らのそばを通りかかった」。**Cruzáronse** は **cruzarse**「すれ違う」の直説法点過去３人称複数形（再帰動詞相互法用法は「互いに〜する」という意味を表す）。
2) **el último arrebol, un arrebol de ocaso encendió las mejillas de Matilde, de donde la brisa había borrado el colorete**：「風で赤みを失っていたマチルデの頬が、消えゆく夕焼けの、入り日の残光に赤く染まった（残光が染めた）」。
3) **Sentía la pobre moza en torno de sí el respeto como espesado… un respeto inhumano y cruelísimo.**：「哀れな娘は、彼女自身をめぐる重苦しいような気遣いを感じていた…非人間的で、残酷この上ない気遣いを」。**sí** は再帰代名詞前置詞格「彼女自身」。ここでの **respeto** は、「尊敬」ではなく、「係わりを避けようとするような配慮・気遣い」。また、**cruelísimo** は **cruel**「残酷な」＋ **ísimo**（絶対最上級接尾辞）、「とても残酷な」。
4) **Infundía temor; ¡ella, la pobre chiquilla de veintitrés años!**：「恐怖の念を起こさせていたのだ。彼女、23歳の哀れな娘が！」。
5) **al pensar en este miedo inconsciente de los otros, en este miedo que inconscientemente también adivinaba en los ojos de los que al pasar la miraban**：「この他人の抱く無意識の恐怖について思う時、通りがかりに彼女を見る人々の目の中に彼女が無意識に見抜いてしまっているこの恐怖について思うとき」。
6) **se la helaba de miedo, de otro más terrible miedo, el corazón**：「ひどい恐怖感から、そう、さらに別の、もっとひどい恐怖感から、彼女の心は凍てついてしまうのだった」。

うだ。それはたぶん恐怖だったのだろう、きっと恐怖だったのだ！　恐怖の念を起こさせていたのだ。23歳の哀れなか弱い少女が！　そして、この他人の抱く無意識の恐怖について思う時、また、通りがかりに彼女を見る人々の目の中にまで、彼女が暗々裡に見抜いてしまっているこの恐怖について思う時、ひどい恐怖感から、そう、さらに別のもっとひどい恐怖感から、彼女の心は凍てついてしまうのだった。

El espejo de la muerte

Así que traspuso el umbral de la solana de su casa[1], entornó la puerta; se dejó caer en el escaño, reventó en lágrimas y exclamó con la muerte en los labios[2].

—¡Ay mi madre; mi madre, cómo estaré! ¡Como las feas![3] ¡Cómo estaré, Virgen santa, cómo estaré! ¡Ni por cumplido, ni por compasión, como otras: como a las feas![4] ¡Cómo estaré, Virgen santa, cómo estaré! ¡Ni me han retozodo... ni me han retozado los mozos como antaño! ¡Ni por compasión, como a las feas! ¡Cómo estaré, madre, cómo estaré!

—¡Bárbaros, bárbaros y más que bárbaros!—se decía la viuda—. ¡Bárbaros, no retozar a mi hija[5], no retozarla!... ¿Qué les costaba? Y luego a todas esas legañosas... ¡Bárbaros![6]

自宅の家の、例の日当たりの良い部屋の敷居をまたぐや否や、彼女はドアを半開きにしたまま、長椅子に身を投げ出してわっと泣き崩れ、唇に死相を浮かべながら叫んだ。

「ああ母さん、母さん、私どうしよう！ あの醜女たちのように！ どうなるの、聖母様、どうしたらいいの！ お義理からでも、お情けからでも、ほかの女たち、醜女たちを扱うようにも私を扱ってくれなかったんですもの！ どうなるの、聖母様、どうしたらいいの！ 若者たちは私と戯れてくれなかった… 以前のように私と戯れてはくれなかったわ！ 醜女たちにするように、お情けからでさえも！ どうしよう、母さん、私どうしたらいいの！」

「ひどい男たちだよ。ひどい、ひど過ぎるよ！」未亡人は独り言を漏ら

120

死の鏡

1) **Así que traspuso el umbral de la solana de su casa**：「自宅の家の日当たりの良い部屋の敷居をまたぐや否や」。**Así que**「～するとすぐ」。**traspuso**は、**trasponer**「移る、渡る」の直説法点過去3人称単数形。
2) **exclamó con la muerte en los labios**：「唇に死相を浮かべながら叫んだ」。
3) **¡Ay mi madre; mi madre, cómo estaré! ¡Como las feas!**：「ああ母さん、母さん、私どうしよう！ あの醜女たちのように（すればいいの）！」。**estaré**は、**estar**の直説法未来1人称単数形。
4) **¡Ni por cumplido, ni por compasión, como otras: como a las feas!**：「お義理からでも、お情けからでも、ほかの女たち、あの醜女たちのように（私を扱ってくれなかった）！」。
5) **no retozar a mi hija**：「私の娘にじゃれつかないなんて」（不定詞の独立用法は**p.17**注6参照）。
6) **¿Qué les costaba? Y luego a todas esas legañosas... ¡Bárbaros!**：「何の損があるというの！ そのくせすぐに、あのすべてのただれ目女たちには…。まったくひどい男たちだよ！」。**bárbaros**は、「野蛮人たち、粗暴な男たち」。

すのだった。「ひどい男たちだよ。私の娘に声をかけないなんて。彼女に一声もかけないなんて！…何の損があるというの！ そのくせすぐに、あのただれ目の女たちには誰にでも…。ひどい男たちだよ！」

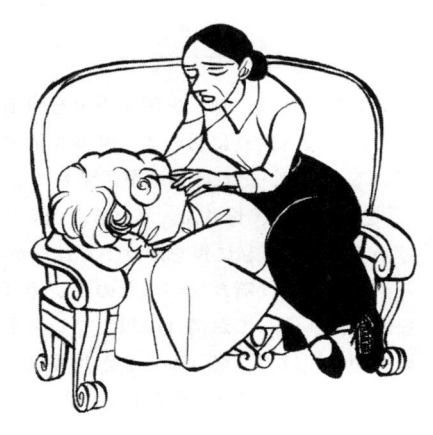

Y se indignaba como ante un sacrilegio[1], que lo era[2], por ser el retozo en estas santas fiestas un rito sagrado[3].

—¡Cómo estaré, madre, cómo estaré que ni por compasión me han retozado los mozos!

Se pasó la noche llorando y anhelando[4], y a la mañana siguiente no quiso mirarse al espejo. Y la Virgen de la Fresneda, madre de compasiones, oyendo los ruegos de Matilde[5], a los tres meses de la fiesta se la llevaba a que la retozasen los ángeles[6].

そして彼女は、神聖を汚す不敬を眼前に見るように憤慨していた。事実この聖なる祭りにおいて、神聖な儀式が男女の戯れに取って代わられていることで、それは神聖を汚すものではあった。

「どうしよう、母さん、私どうしたらいいの。だって、若者たちはお情けからでさえ、私に声をかけてくれなかったんですもの！」

泣きながら、喘ぎながらその夜が過ぎ、翌朝彼女は鏡を見ようともしなかった。そしてお情けの母、フレスネーダの聖母様は、マチルデの願いを聞き届けて、祭りから3か月後に、天使たちが彼女と戯れてくれるところへ、連れて行こうとしていた。

死の鏡

1) **se indignaba como ante un sacrilegio**：「彼女は、神聖を汚す不敬を眼前に見るように憤慨していた」。
2) **que lo era**：「事実それは、そう（神聖を汚すもの）であった」。**lo** は、中性の人称代名詞で、先行の名詞、形容詞、副詞、文全体などを受けて、「そう」を意味する。
3) **por ser el retozo en estas santas fiestas un rito sagrado**：「この聖なる祭りで神聖な儀式が男女の戯れに取って代わられていることによって」。
4) **Se pasó la noche llorando y anhelando**：「泣きながら、喘ぎながらその夜が過ぎた」（独立分詞構文）。**Se pasó** の主語は **la noche** だが、**llorando y anhelando** の主語は、もちろん **Matilde**。
5) **oyendo los ruegos de Matilde**：「（聖母マリアが）マチルデの願いを聞き届けて」。
6) **a los tres meses de la fiesta se la llevaba a que la retozasen los angeles**：「祭りから三か月後に、天使たちが彼女と戯れてくれるところへ連れて行こうとしていた」。**llevaba** は、**llevar**「連れて行く」の直説法線過去3人称単数形。「連れて行った」ではなく、「連れて行こうとしていた」ことを表す（＝起動相。余韻を残して、その後の成り行きは読者の想像にまかせる）。

解説
ミゲル・デ・ウナムーノについて

　ミゲル・デ・ウナムーノ・イ・フゴ（Miguel de Unamuno y Jugo, 1864-1936）は、スペイン希代の思想家・随筆家・小説家・劇作家・詩人・言語学者・哲学者。1864年9月29日スペイン北西部のビルバオ生れ、若くしてサラマンカ大学の学長に就任。政治的発言により一時追放されるが、再度復職した後、1936年12月31日、同地サラマンカにて没する。享年72歳。

　ミゲル・デ・ウナムーノ・イ・フゴ（以下単にウナムーノ）の哲学的活動の中核は、人間的存在・生と死・不滅性などに関する省察にある。それ故、彼は一般に実存主義哲学者と称され、スペインではその開祖的存在であるとされる。ウナムーノは多様な形式の文学作品を書いているが、その全てに一貫して見られる傾向は「内面的苦悩の吐露」であった。すなわち彼は、文学において哲学を語った。苦悩を「生きた」ウナムーノにとって、両者は分離し得ないものであったのかも知れない。ウナムーノはまた、スペインが植民地キューバやフィリピンを失った後、祖国の真の自立を模索し、苦悩した愛国主義・博愛主義の作家たち（いわゆる「98年代の群像」）の筆頭にも数えられている。

経歴

　ウナムーノは、生粋のバスクの家系に生まれた。両親も祖父母もバスク人であった。9歳の時生地ビルバオでカルロス戦争の破壊を経験する。ビスカヤで初等・中等教育過程を終えた後、1880年マドリード中央大学に移って哲文学を修め、84年『バスク語論』で

博士号を取得した。その後ビルバオに戻って、大学教員任用試験を準備する。試験に何回か失敗した後、ついに1891年サラマンカ大学のギリシャ語の教授職を得る。そしてその頃、生涯でただ一度の大恋愛が実ってコンセプシオン・リサラガと結婚し、9人の子供に恵まれる。サラマンカへ赴任したウナムーノは、そのカスティリアの風土に馴染んだ後の1894年頃から著作活動を始める。そして、以後その地が彼の思索と著作活動の中心地となる。97年の前半、ウナムーノはある種のノイローゼに陥っていたようで、しばらくの間信仰上の問題によって、強迫観念に囚われていた。そしてそれが、彼独特の宗教的実存主義への出発点になったのだという。

　公職面ではその後サラマンカ大学の国語主任教授を経て、1901年、37歳の若さで、同大学の学長に任命される。在任中彼は、マドリードでの数回の短い滞在や、国内外への2・3回の旅行を除いて、大半をサラマンカに暮らしていた。1914年、ウナムーノはその政治的発言と行動とが原因になって学長の座から引きずり下ろされる。いわゆる「官職剥奪」である。しかしそれでも彼は、第一次大戦中ずっと連合国側に加担して、スペインの君主制に反対する声明を出したりしたこともあった。1923年、彼は一連の論文を書いてプリモ・デ・リベラの独裁制に異を唱え、それがため翌年2月にカナリアスのフェルテベントゥーラ島へ追放された。半年後フランスの知人の手引きで同国へ逃亡、パリに着いたがその騒然たる都市に苛立ちを覚えて、フランス圏バスク（アキテーヌ）のアンダイへ移り、独裁制の崩壊までそこに滞留していた。1930年11月スペインへ戻り、熱狂的に迎え入れられた。そして、翌31年、共和制が宣言されると、ウナムーノはサラマンカ大学の終身学長に任命された。

＊

　ところが1936年スペイン内乱が勃発すると、ウナムーノは途中から反共主義を唱え、フランコに加担する。ロルカが銃殺され、カソーナがアルゼンチンへ亡命する中、芸術家仲間ではウナムーノただ一人がファシストに肩入れをしていた。ごうごうの非難であった。かつて独裁政権を批判したかどで流刑にまで会った共和主義者の大変節！　人民戦線の残虐性の故とか、遠島で悟ったためとか、保身のためとか、エゴイズムないし無関心のゆえとも言われるが、その真偽のほどは定かでない。そしてその直後に大学で行なった政治講演が誘因となって、再度学長職を追われる羽目に陥る。傷心のウナムーノはさらにその後間もなくして、手足の苦痛にさいなまれながら一人寂しく世を去って行く（死因は不明。自殺説・他殺説もある）。かくしてバスク生れの先哲ウナムーノは、サラマンカに美しく咲き、同じサラマンカにおぞましいほど惨めに散ったのであった。例の変節がなかったら事態は変わっていたかも知れない。一世一代の「大いなる躓き」といった風評も立たなかったであろう。しかし筆者としては、そこに人間ウナムーノを見るような気がしてならない。そして、次のような章句に接するにつけ、共感さえも禁じ得ない。"Para el Universo, nada; para mí, todo"（Aguilar, "Ensayos" T.2）「私は宇宙にとって何ものでもない。しかし私にとって、私はすべてである」（『生の悲劇的感情について』）。しかも72歳の高齢である。死の直前である。彼は迫り来る死を予感して、ただ自己に沈潜していたかった。肉体の死と魂の不滅性の問題に没入していたかった。そうに違いない。

個性

　ウナムーノの個性に関しては、作家や思想家としてのみならず、一個の人間としても議論百出であったし、今もなおそうである。実に多様な、しかも相矛盾するような意見が幾つも提出されてきた。多くの場合、先入観や感情に支配されて、冷静な判断を欠く嫌いがあるとされる。その動機の一つは、確かにウナムーノ自身の個人的な言動にもあった。また、非体系的で分類困難な彼の著作の持つ特異性とも関わっている。しかしそうは言っても、彼の生活と作品の切り口には明白なものがある。それは、ある種の「苦労性」に由来するものであって、彼の哲学上・宗教上の苦悩の告白の中や、多様な形式の文学作品の中に如実に表白されている。ウナムーノの諸作品の深奥には、思索的・観念的・かつ「透徹主義」的な性質が通底しており、その衝動への起点は、彼がこだわり続けた本物の内的生活体験の中にあった。以上は大方の認めているところである。

　哲学が、体系的・科学的な仕方で思考の究極的な現実を開示するものであると解するなら、ウナムーノの諸作品の形式は、その深奥に通底するものとは逆に、哲学的というよりはむしろ極めて文学的なものであった。ゆえにウナムーノの作品は、思想であり哲学であり、同時に文学であり詩である─すなわち、彼の内面のあらゆる苦悩の省察に関する芸術的吐露と告白である─としなければならない。

*

（思想）　ウナムーノの思想は、その表現形式における無定形にもかかわらず、常に意識や神に関わる問題を軸とした周囲に凝結している。ウナムーノにとっての意識の問題とは、絶対的存在の問題であり、実存と非存在の問題であり、彼一流の存在論の、答えのない

問いである。彼にとって意識的であるということは、必ずしも己自身（身体）とは関係のないことであり、「外在的な」事柄だからである。つまりウナムーノは、サルトルと同じように、人間を意識として、しかも自己の身体をさえも無化する「純粋意識」としてとらえている。この客体としての無から、生の本質と自我に関する彼独自の概念が生まれてくる。それは生や自己の永遠性・不滅性を希求する試みであり、したがって不可避的に煩悶の付随する「未遂の企て」である。そしてこの概念はまた、反動的な性格を持ち、いわば人間が何ものとも合一しないことを示す「表示機」である。

　ウナムーノにとって、死とは生が宿命的に内包する不条理である。しかし不滅への渇望は、時として、自我の不朽性を創造する。彼はこういった見地から、栄光や名声に対する願望を解釈する。永久存在に対する欲求は、当然理性の側からの支持を求める。ここでウナムーノは、不滅問題における人間の理性の有効性を吟味する。その結論は、生理的かつ形而上学的に共感を呼ぶ解決である。すなわち、合理性というものは実は生命の敵で、両者は相互に背反し、侵犯する。およそ生あるものは不合理で、逆に合理的なものは反生命的である。共感を呼ぶ解決は、強烈な懐疑の精神を伴っている。

　かくしてウナムーノ的な意識における究極的願望は、合理の「体たらく」を見るに至る。しかしそれで生や不滅の欲求が敗れることになるわけではない。不滅への熱望と合理に対する絶望とは、兄弟のように手を携えて一つの生の形を創造する。ウナムーノによれば、その生は悲劇的ではあるが、実りが豊かで、しかも唯一可能な生であるという。さらに彼は、不滅への信仰や不滅の守護者たる神に帰依して、大願成就に対する悲観論克服の方法を試みているが、これはいずれも「美しき夢」のままで、つまり解決が得られないま

ま、試みは失敗に帰している。ウナムーノにとって信仰あるいは永遠の命に対する熱望は、懐疑によってのみ存続し得る。そして神は、彼にとっては、自我の無限への発射装置であり、意識の普遍化への発射装置なのである。

ウナムーノの哲学思想の骨格は、彼の著作のどれを見ても、少なくともその部分は現れているが、特にその要諦は『生の悲劇的感情について』および『ドン・キホーテとサンチョの生涯』に示されていると言われる。その中でウナムーノは、生命と論理、信仰と理性、さらに文化と文明の間には互いに相容れない対立のあることを認識し、そこに「生の悲劇」を見る。そしてその相剋に起因する生の悲劇的感情から、彼は人格の不滅性を確信するに至るのだという。

*

（死の哲学）　デカルトの言い方を借りると、ウナムーノの哲学は、「われ在り、ゆえにわれ苦悩す」のようになるかも知れない。例の"Cogito ergo sum."「われ思う、ゆえにわれ在り」とはまさに逆方向の発想である。ウナムーノによれば、デカルトは自己というもの、つまりこの「肉と骨から成る」主体を抹殺して出発しようとした。彼にとっては、このような「頭でっかち」はとうてい受け入れられなかった。それで彼は、デカルトに代表される、このような主知主義を排して主意主義の立場に立ち、理性の代りに意識や感情を重く見るようになっていった。

ところで、なぜ苦悩するのか。それは、不滅を渇望するからである。（では、なぜ不滅を渇望するのか、とは問うまい。自明だからでなく、ウナムーノも眉をひそめるように「理由の理由」を尋ねるのは無限後退の始まりだから）。不滅を願うということは、第一義

的には、文字通り死にたくないということである。「平和のうちに消滅するよりは、苦しみをもって生きる方がましだ」(『生の悲劇的感情について』)。しかし、例えばハイデッガーも言うように、「人間は死へ向かって進む存在」で、この摂理は如何ともしがたい。万人が甘受せざるを得ない。たとえ王でも、「王道」はない。

　ここで不滅を求める「苦闘者」は二手に分かれる。一方は極めて理性的・客観的に状況を悟って前進を諦め、他方は別の道、道なき道を模索する。やや雑駁な分け方だが、前者の多くは無神論者となって、視点をしばしば環境や医学の方へ移し、後者の多くは有神論の立場に立って、不滅の第二義、すなわち人間の魂・人格・名声等の永久存続を求める。ウナムーノはもちろん後者である。"¡Muera yo, viva mi fama!"(Aguilar, "Ensayos" T.2)「わが身は死すとも、わが名の残らんことを!」。ウナムーノにとって、もはや理性に頼ることなどはできない。それはおろか、むしろ理性は不滅への渇望の意欲をそぐものとして敵視し、排撃する。(この時点で、生と理性を対立する概念でとらえるに至ったウナムーノは、理性を生の一部と解してそれに所属せしめるオルテガと袂を分かつ)。

　ウナムーノは不滅を望んだ。切に望んだ。そして求めた。切に求めた。不滅を手に入れるためには、それを切に望み切に求めなければならない、そう考えていた。彼は渇望の成就に向けてまず神を喚起し、神に近づくために神への愛や信仰を実践し、省察した。粘着性をもって深く省察しつつ実践し、実践しつつ省察した。英知・慈愛・徳義心・道徳律・審美観を持とうと努めた。彼によれば、「死について考えるとき、人は道徳的になることができる」のである。また、神が褒美として不滅への切符を与えてくれるかも知れない、のである。彼はそれからさらに宗教論や神学に没入していくのであ

るが、哲学者らから見ると、このあたりから神秘主義的な色彩を帯びてくる。彼らにとっては、「不滅境」はおろか、それらしきものも見えない。もちろんウナムーノにも、それが見えていたわけではないであろう。しかし彼に言わせれば、在るか無いかは、とにかく「そこまで行ってみなければ分からない」のである。「粘り勝ち」が絶対にないという証拠もない…。彼は極端なまでの「透徹主義者」であった。

*

（影響関係）　ウナムーノはかつてキェルケゴールを愛読したことがあって、思想的にも文体的にもその感化を受けたであろうことはまず間違いない。（キェルケゴールを西欧に紹介導入した張本人が実はウナムーノその人であった）。それ故，哲学者としてのウナムーノは、いわゆる実存主義者の一人に数えられている。ただし彼自身は、画家のダリなどと同様、共通項でくくられることをひどく嫌っていたので、「あなたは実存主義者ですか？」などと尋ねようものなら、「いいえ、私はウナムーノ主義者です。」というような答えが返ってきたに相違ない。「[思想家を分類したがる者は]『あなたはルター派だ、カルビン派だ、無神論者だ、神秘主義者だ』などと言う。あるいは別の適当な名をつける。そうすることで、その言葉の明確な意味も知らないのに、それ以上考えずに済むと思っているのだ。しかし私は、自らを分類箱に入れるようなことはしたくない。なぜなら、このミゲル・デ・ウナムーノは、完全な自覚を持つ他の人たち同様、唯一無二の存在なのだから。『病人がいるのであって、病気があるのではない』とは医者のよく言う言葉だ。同様に私は、発言者がいるのであって、意見があるのではない、と言おう」（『わが宗教』）。

ここでのウナムーノの言い分は至極もっともではあるが、しかし、時の流れを大きくとらえて巨視的な見方をすれば、ウナムーノが、実存主義の、それもかなり先端部分に位置する実存哲学者である、とする説は否定できない。そして、上で触れたように、その影響関係から考えれば、キェルケゴールとの類縁性が指摘されるであろうし、「生と死」の問題に深く関ったという観点からはハイデッガーあたりとの近似性が想起されるだろう（後者との根本的な違いについては後述する）。因みに、ウナムーノとともにスペイン哲学の双壁をなすオルテガがこの範疇に入るか否かは、筆者にとっては不明である。両者とも「生の哲学者」の一員であることは、まず間違いないところではあるけれども。

　ところで、ウナムーノが世に与えた影響は、未だ十分に推し計ることもできないと言われるが、それは今し方触れたように、彼が学問や芸術のイズム化・派閥化を嫌って、一切学派の類を作らなかったことにもよる。否、それよりもまして、あるいはそれとは反対に、彼自らがその作品を通して万人の魂に語りかけ、万人の心を揺すぶり、哲学者・文学者・宗教家はもとより、思索し苦悩する一般の人々の間に果てしない議論の種を蒔いて来たからに他ならない。「私が売るのは、パンそのものでなく、パン種である」（『わが宗教』）。彼のパン種からパンを作る人が大勢いるのである。

　ウナムーノはスペインの随筆家のうち、最も博学にして最も独創的、かつ最も多くの共感を呼ぶ存在であったとされる。上で「ウナムーノの影響は推し計ることができない」と述べたが、少なくともスペイン人の精神に最も深い影響を与えた随筆家は、このウナムーノに違いない。なぜなら、多くの人がウナムーノの中に、いわば「原罪を背負った現代スペインのキリストを見る」からである。

*

（文体）　ウナムーノの文体は、生き生きとして表現性豊かではあるが、哲学的記述に俗語を取り込んだり、自己流の新造語を説明ぬきで出し抜けに用いたりして、いわば言語の「内臓」までえぐり出して駆使しているので、取りつきにくいような違和感や、ごつごつした無愛想な感じを読者に与える（巻末などに語句の解説を加えることもある）、というのが一般的論評の論調である。しかしまた、まさにそのことによって彼の言葉遣いには独特な緊張感や熱情や色彩感が込められ、著者の苦悩を有り体に読者に伝えることを可能にしているように思われる。

　既存の言語をして、彼特有の内面を表現しうる道具に仕立てるために、上述のような新造語の発明などのほか、めったに使われない術語を導入したり、表現はおろか語彙そのものからでも、通用している意味を剥ぎ取って、原初の語源的な意味を充当したりもしている。彼自身の言によれば、「殻を割ってアーモンド（＝中味）を取り出しているのだ」という。このように、ウナムーノの駆使する語彙は、巷の隠語まで射程距離に入れた俗語法から、ギリシャ語・ラテン語を直輸入する教養語まで、誠に多種多様であった。

　ウナムーノはまた、ニーチェ、B.ショー、A.フランスらと並んで、逆説使いの達人であったとされる。もちろん、彼としてはそれもこれも表現内容を読者により強く印象づけるための手法であった。これまで見た通り、ウナムーノは自己の内的思索を言葉に盛り込むために、あらゆる手段と工夫をこらしたのである。それ故我々は、その叙述形式の中にしばしば一風変わった味わいと特異性を見ることになる。（『死の鏡』にもそれは幾分か感じられる。）そういった彼の文体の特異性は、著者自身の性格に起因するのみならず、生粋の

バスク人としてのウナムーノなら感じていたに違いない、バスク語とカスティリア語の間の距離にもよると考えられる。さらには、両言語のバイリンガリズムや、ギリシャ・ラテンの古典語とかデンマーク語その他の現代語に関する豊富な知識も大いに与かり、関っていたことであろう。

作品

　ウナムーノの作品は、随筆・小説・劇作・詩など多岐にわたっている。以下、順次その主要作品をのぞいてみる。

随筆：∞①『風景』（1902）　∞②『わが国』（1903）　∞③『ドン・キホーテとサンチョの生涯』（1905）　∞④『幼き日の思い出』（1908）　∞⑤『ポルトガルとスペインの地をめぐりて』（1911）　∞⑥『生の悲劇的感情について』（1913）　∞⑦『スペイン風景の歴遊』（1922）　∞⑧『キリスト教の苦悩』（1925）　∞⑨『魂の風景』（1892-1936）

*

　通説によれば、随筆はウナムーノが最も得意とするジャンルで、そこには自由闊達な筆法と、思索の結晶が見られるという。彼は常々、思索のすべてを好みの形式で表現しようと試みていたが、それに過不足なく対応できるのがこのジャンルであった、ということのようである。それ故、文人ウナムーノは、小説家・劇作家・詩人等であるよりもまず随筆家であった。彼の随筆は日々の生活であり、その時々の事柄に関する意見であり、論争であった。それはまた、個人的な告白でもあって、それ故常に一人称の形で書かれている。主題は、「第一苦闘者」、すなわち著者に関わってくること全て

であった。このジャンルで彼の綴ったものは、文学・哲学・芸術・言語学・政治学・宗教・道徳と、大変な幅の広さを見せている。そしてこれらは一般に、長編と短編の2種類に分けられている。

　長編には次のようなものがある。1905年に書かれた『ドン・キホーテとサンチョの生涯』は、ドン・キホーテの魂とキホーテ的精神に情熱を注いだ、独創的な論評である。ウナムーノにとっては、ドン・キホーテは作者のセルバンテスよりも実在的存在であった。また、人間ドン・キホーテは、スペイン人の普遍的象徴でもある。キホーテ気質の精髄は、栄光と名声への欲求であり、不滅への渇望である。「われらがドン・キホーテよ、貴殿に対し永遠不滅の命が与えられました。それは貴殿がそれを切に切に願ったからに他なりません」…。

　その8年後の『生の悲劇的感情について』は、ウナムーノの生んだ随筆中最も熟した作品であって、極めて濃密な思想が結実しているという。「肉と骨とから成る」人間の持つ根本問題、つまり論理と生、理性と信仰という両極対立をそれ自体の内に内包する不滅性の問題に真っ向から取り組み、突き詰めている。それはまた宗教上の神学と、絶望の出口としての「墓の向うの」神学との対峙にも相関する。死滅の苦痛と憐憫との観念によって、ウナムーノは神を喚起し、普遍性の意識としての神に無上の愛を抱くに至る。彼にとって歴史的終末は、一事項の完結であって、歴史そのものの終焉ではない。それは、ニーチェの「永劫回帰」とも似て、「始発点への回帰」、すなわち反復再生へ向かっての立て直しである。

　さらに20年後（1925）の『キリスト教の苦悩』は、ウナムーノの宗教思想に関する一結論ともみなし得るという。キリスト教は、歴史的現象としては、ある種の「苦悩」ないし継続的闘争を示す

が、それは、彼によれば信仰に固有の矛盾、すなわち「理性との相剋的背反」に起因するという。この、信仰にとっての固有の矛盾は、つとに聖パブロの説明にもあったところで、その後、聖テレサや、パスカルや、キェルケゴールなども復唱している。それは、真摯に生や信仰を問い、観照しようとする者にとって「常に同時に」眼前に立ち現われる不可避の課題であり、永遠の謎なのではないだろうか。

さて、ウナムーノの短編随筆は数々ある（『生粋主義をめぐって』、『人生は夢』、『パリサイ人ニコデモ』、『内面へ！』、『観念万能主義』、『信仰』、『愛国心の危機』、『小説はいかに作られるか』、『わが宗教』など）が、その中でひときわ異彩を放つのは「風景の描写」で、それは一つの集団をなして特段の地位を占めているという。そこでは、詳らかにあるいは客観的に描写するといった意図はなく、個々の作品が、人間とりわけウナムーノ自身の生活の舞台としての風景の一解釈である。その神髄は、彼自身の魂に風景を映したときの審美観と心の琴線の振動にある。この風景の書の中には、時代順に『風景』、『わが国』、『幼き日の思い出』、『ポルトガルとスペインの地をめぐりて』、『スペイン風景の歴遊』などがあげられるが、そのほかに1892年から44年間にわたって書き継がれた『魂の風景』を忘れるわけにはいかない。ウナムーノは、一般に「98年代の世代」と呼ばれる他の作家たち（バローハ、アソリン、マエストゥ、マチャードら）と同様、カスティリアの風景に深く感じ入っていたのであった。

小説：∞①『戦争の中の平和』（1897）　∞②『愛と教育学』（1902）　∞③『霧』（1914）　∞④『アーベル・サンチェス』

(1917) ↪⑤『トゥーラ叔母さん』(1921) ↪⑥『殉教者、聖マヌエル・ブエノ』(1933) ↪⑦その他各種短編

*

　ウナムーノの小説は、いわば「私小説」とも似通ったところがあって、彼の個人的な事柄を文学的に試みたものである。文学史の説くところによれば、その登場人物は、きまって彼自身の考え方や感情をまとっているという。内なる自己をモデルにして虚構上の人物を創造するのがウナムーノの極上の好みであった。そしてその人物をして彼一流の「生」を生きさしめ、ある種独特の「死」を好ましめる（『死の鏡』訳も参照）。ここにウナムーノの意識の問題が、虚構上の人物の現実の意識問題として立ち現われる。ウナムーノにとっては、もし人生が夢なら、人生の夢（つまり人が生きるのを夢見ること）は、夢の人生（つまり生きることの虚構化）と同じことである。これぞ小説概念の新機軸、そして「ウナムニスム」。たとえ小説技法の公理に適っていなくとも、である。なぜなら小説とは生きることであり、生きとし生けるものはみな己自身を「小説する」からである。

　ウナムーノ小説の主要作品を列挙すれば上の通りだが、次にその概略を見ておこう。1897年の『戦争の中の平和』、舞台はカルロス戦争下のビルバオ、静寂と日常的な雑事への賛歌である。5年後の『愛と教育学』は、科学信仰の失敗を描いている。ウナムーノ小説中最も広く読まれる作品の一つとされる1914年作の『霧』は、いわば愛の幻想の物語で、主人公は自己存在の深淵に立たされる（『死の鏡』も類似の思想構造を持つ）。その3年後の『アーベル・サンチェス』は、羨望の研究である。ウナムーノはしばしば当該人物の懐深く切り込んで、その深奥に潜む醜い実体を暴く。それは例

137

えばこの羨望のような「憎悪の観念」である。その4年後の『トゥーラ叔母さん』は、人間の共同生活を主題として、そこでの母性的感情を描いている。さらに12年後の『殉教者、聖マヌエル・ブエノ』は、随筆でも扱った不滅性における信仰の問題を再提示したものだけあって、『生の悲劇的感情について』等で思索した事柄がさらにふくらみを得て、小説の形式を借りて熱い血も通い、その思想が最高度に昇華していると評され、ウナムーノ小説の頂点とされる。

ところで、ウナムーノは自作小説の幾つか、例えば『霧』を、"novelas"「小説」ならぬ、"nivolas"「変わり種小説」（= "nuevo"「新奇な」と "novelas"「小説」の合成語？）と称している。ある種の衒いのようなものも感じられなくはないが、おそらくウナムーノ自身としては、一般に通用していないような小説技法を用いた「風変わりな小説」といったニュアンスを表したかったものと考えられる。つまり彼は、衒いなどからではなく、むしろ謙遜に近い気持ちから、あるいは、実体をより正確に表す術語の必要性を感じて、このような合成語を発案したものと推測される。

劇作：⇨①『スフィンクス』（1909）　⇨②『女故人』（1909）　⇨③『眼帯』（1913）　⇨④『王女ドニャ・ランブラ』（1913）　⇨⑤『フェドラ』（1921）　⇨⑥『寂寥』(1921)　⇨⑦『ラケル』（1921）　⇨⑧『夢影』（1930）　⇨⑨『他者』（1932）　⇨⑩『メデーア』（1933）　⇨⑪『修道士フワン、すなわちこの世は劇場』（1934）

＊

ウナムーノの劇作は、技法の点でも問題設定の点でも、小説の場

合と酷似している。登場人物はここでも「内面から見た人間像」で、その心の内を語る虚構人物である。舞台や情景に払う関心が稀薄なため、登場人物が現実世界の外に置かれてしまい、ここにウナムーノ劇作の一大欠点が露呈するのだという。彼は、心なしか、演劇的作品に必須の舞台装置や大小道具類を最小限に抑えようとした。ために彼の劇作は、確かに情熱や悲劇性には富んでいるものの、おしなべて視覚的・図解的な興味に欠ける嫌いのあることは免れない。

　ウナムーノの主要劇作は次の通り。1921年の『フェドラ』、モデルは古代ギリシャのユーリピデスの現代版。11年後の『他者』は、小説『アーベル・サンチェス』でも扱った殺意ある羨望が主題。瓜二つの双生児の一方が他方を殺す。彼らは非常によく似ている。自分自身を殺したと言えるほどによく似ている。つまり朝から晩まで「己自身」を見る苦痛から逃れたくて…。さらに13年後の『修道士フワン、すなわちこの世は劇場』は、かの誘惑男の新解釈で、独創的にして典型的にウナムーノ的。すなわちドン・フワンは性の天分を持った男などでなく、ただ女性に永遠なる母性を求め、修道院の中で命を終えた一人の「自慰主義者」に過ぎない、とする。その他の劇作は上掲のとおりである。すなわち、1909年の『スフィンクス』、その4年後の『眼帯』と『王女ドニャ・ランブラ』、12年後の『寂寥』、21年後の『夢影』などである。

詩：⇨①『詩集』(1907)　⇨②『ソネットの数珠』(1911)　⇨③『ベラスケスのキリスト』(1920)　⇨④『テレサ』(1923)　⇨⑤『フエルテベントゥーラからパリへ』(1925)　⇨⑥『追放の小史詩』(1928)　⇨⑦『歌集』(1953)

*

　ウナムーノの詩は、彼の思想や感情の世界に韻文の説明を与える必要から生まれたという。彼の意見では、哲学と詩はいわば双生児なのである。ウナムーノは43歳にして初めての詩集、つまり処女詩集を出した。もっとも、かなり前から詩のジャンルを開発していた徴候はうかがわれる、という。ウナムーノにとって詩は、散文とは違って、韻律や隠喩を通じてしか、表すに表せないようなもののための受け皿である。極めて精神的と言えるこの形式にウナムーノが託そうとしたことは、死の不滅化・須臾の永劫化などの、内面的生活における感情と密着した事柄であった。ウナムーノは、色彩的効果や音響的効果の追求にはあまり頓着しなかった。したがって、彼の詩は音楽的ではないが、しかし極端なまでに濃密な情感と、深い人間的感動に綾どられている。主題は散文の場合と同じで、哲学的不安、懐疑によってゆがめられた宗教的感情、祖国の人と村と風景、家族の愛と生活などである。

　1907年に出た『詩集』は、故国に対する神秘的な感情に満ちた愛を詠じている。4年後の『ソネットの数珠』は128編からなる詩集で、主要テーマは宗教と家族愛である。13年後の『ベラスケスのキリスト』は、長編の宗教詩で、大画家ベラスケスの絵を前にして黙想し、そこから得た感慨を11音節詩に歌いあげる。質の高い叙情性を感じさせ、ウナムーノ詩集中の最高傑作であることは疑いないとの公約数的評価が与えられている。16年後の『テレサ』は、ベッケルの『叙情詩集』を彷彿とさせる愛の賛歌である。18年後の『フエルテベントゥーラからパリへ』および21年後の『追放の小史詩』は、海の印象と島の風景を描くかたわら、時の政治を激しく揶揄し、酷評する。なお、ウナムーノの死後に出た『歌集』

(1953) には、各種のテーマの詩が1775編収められている。

結び

　これまで見てきたように、ウナムーノの生涯を一貫して流れていた基本問題は、「不滅性」に対する問いと希求であった。彼は四時この不滅性を苦悩し、その過程をあらゆる文学的手段を借りて表現しようとした。つまり、ウナムーノは、生と死の問題を「哲学し、文学した」。もっと適切に言えば、それを「生きていた」のである。ウナムーノほど主体的に、全身全霊を傾けてこの問題に関わった哲人を筆者は知らない。その意味では、存在と死を「深く研究した」ハイデッガーでさえも、遠く及ぶまい。ハイデッガーは無神論者であったが、ウナムーノは有神論者であった。「論者」というよりはむしろ実践者であった。つまり論考の結果神の存在を認めるに至ったのではなく、神に出会うために神を理解しようとし、神を理解するために神を愛したのである。彼の意識は「理解しないものは愛せない」の逆で、「愛さないものは理解できない」のであった。要するにウナムーノは、不滅への道を模索するために、その唯一の守護者たる神をこよなく愛したのであり、またそのために生涯をかけて生と死を哲学し、思索したのである。その意味で、ハイデッガーのように死を「研究」したのとは大いに趣を異にする。「ウナムーノの全生涯、全哲学は、死についての瞑想であった」（オルテガ）。

　ウナムーノを読むと、それは自分のことを書いたのではないかと思わされることがある。ウナムーノの苦悩は生ある者の共通の苦悩である。ウナムーノの苦悩はそのまま我々の苦悩であり、我々の苦悩はそのままウナムーノの苦悩である。だから錯覚するのである。我々はウナムーノと共に苦悩し、共感し、共鳴し、浄化され、そし

て時に「救済」されたことさえ感じるのである。ウナムーノは我々の中で、まさしく「不滅」の存在である。永遠に心の中で生きている。

(謝辞) 以上の解説で、逐一提示することはしませんでしたが、幾冊かの辞典や百科事典、スペイン文学史に関する著書・訳書等を参照させていただきました。記して感謝申しあげます。

著者紹介

中山直次［なかやま・なおじ］日本大学教授（スペイン語学）

目録進呈　落丁本・乱丁本はお取替えいたします。

平成22年3月30日　Ⓒ第1版発行

スペイン短編逍遙	訳注者　中　山　直　次
	発行者　佐　藤　政　人
	発　行　所
	株式会社　**大　学　書　林**
	東京都文京区小石川4丁目7番4号
	振替口座　　00120-8-43740番
	電　話　　(03)3812-6281〜3番
	郵便番号112-0002

ISBN978-4-475-02292-7　　　　　　　　　　　　豊国印刷・精光堂

大学書林

語学参考書

飯野昭夫編著	フラメンコ詩選	B6判	168頁
ロハス 橋本一郎訳注	ラ・セレスティナ	B6判	182頁
ベルセオ 橋本一郎訳注	聖母の奇跡	B6判	192頁
橋本一郎訳注	ルカノール伯爵	B6判	264頁
橋本一郎訳注	よき愛の書	B6判	208頁
ペレス・ガルドス 高橋早代訳注	マリアネラ	B6判	152頁
橋本一郎訳注	わがシッドの歌	B6判	192頁
橋本一郎訳注	ロマンセーロ	B6判	160頁
橋本一郎訳注	フェルナン・ゴンサレスの歌	B6判	192頁
橋本一郎訳注	アレクサンドロスの書 　　　　　アポロニオの書	B6判	181頁
カルデロン 岩根圀和訳注	人生は夢	B6判	248頁
モリーナ 岩根圀和訳注	セビーリャの色事師と石の招客	B6判	250頁
ローペ・デ・ベガ 岩根圀和訳注	復讐なき罰	B6判	216頁
カストロ 岩根圀和訳注	シドの青春時代	B6判	232頁
アラルコン 岩根圀和訳注	疑わしき真実	B6判	272頁
セルバンテス 岩根圀和訳注	ヌマンシア	B6判	208頁

－目録進呈－